人事評価はもういらない

成果主義人事の限界

エム・アイ・アソシエイツ
松丘啓司

FIRST
ファーストプレス

出版に寄せて

中央大学大学院戦略経営研究科（ビジネスクール）
客員教授　楠田　祐

日本企業の人事担当者たちと話をすると、「評価に課題がある」と口を揃えて言う。しかし、その問題意識はどちらかというと、マネジャーがきちんと評価をできていないところにある。そのため、彼らはマネジャーが部下を評価できるように制度を変えるか、それともマネジャーを育成するかといった議論を一生懸命に行っている。これは、彼らが評価制度を担当する立場だからである。

そこで、彼らに「では、あなたたち自身も被評価者だけれども、評価される側として不満はないのですか」と尋ねると、「いや、あるんですよ」と答える。

彼らによると、評価の高い人から不満が出てくることはあまりないという。だが、評価の低い人からは、マネジャーの説明能力の低さが原因で常に不満が出るという。一方、そこそこの評価の人は「どうせそんなものだろう」と思っているから、評価によってモチベーションが上がるとか下がるとかもなく、年間行事のようにしか考えていないそうだ。

このように、日本の人事担当者たちは現状の評価制度に課題を感じながらも、未だ根本的な解決手段を見出せていない。それは、アメリカのグローバル企業の多くがすでにNo Ratingsになっていることを知らないからである。つまり、評価そのものを止めるという発想に至っていないからだと思われる。

3年前、ある企業の人事部長がスタンフォード大学MBAのHRのセッションに参加したが、その年のトピックはNo Ratingsばかりだったそうだ。アメリカの人事の世界では、3年前にはすでにNo Ratingsがホットな話題になっていたのである。ちなみに、そのセッションに参加していた日本人は、その人事部長ただ一人だったそうである。

評価に対するマネジャーからの評判がよくないうえに、部下も評価に納得していない。SNSを頻繁に使う若い層の感覚からすると、半年前の投稿に「いいね！」されても響かない。同様に、半期の振り返りなどを評価面接で伝えられても響かないのだ。もっと部下との頻繁な対話を重視していくほうが、ピープルマネジメントはうまくいくのではないか。当時からアメリカではこんな議論が行われていた。

日本企業においても、評価者研修を一生懸命にやっても変わらない状況を見ると、この際、評価を止めることを検討したほうがよいのかもしれない。

実は日本にも、No Ratingsにした企業がある。カルビーでは2010年から人事考課を止め、かわりに全社員が上司と部下でCommitment & Accountabilityという年度目標を結んでいる。部下は上司と徹底的に話し合ったうえで目標値をCommitし、そのCommitment & Accountabilityは社内イントラネット上に公開される。そうすると、やらないマネジャーもだんだんと真面目に取り組むようになってくる。これを、もう5、6年も続けているので、現在では部下とのコミュニケーションがすごく良好なのだそうだ。

1970年代から80年代前半頃の日本では、会社の中にパソコンや携帯もない時代だったこともあって、上司と部下の対話が頻繁に行われていた。時間があったということもあるが、対話は無意識に当たり前のようにあったと思う。それを今度はアメリカがやり出したのだ。時代の流れの中で、アメリカと日本が近寄ってきたように感じられる。

この本をお読みいただく読者の皆様には、自分の会社はどうあるべきか、ということを奥深く考えていただきたい。人事の変革は、日本企業にとってのトランスフォーメーションの1つのテーマになるだろう。

はじめに

会社に就職したら年に一度の人事評価（年次評価）を受けるのは当たり前、と誰もが考えている。新入社員から経営層に至るまで、年次評価の必要性について疑いが持たれることは滅多にない。それほど、年次評価は企業に浸透している。

しかし、毎年の評価を待ち遠しいと思う人が果たしてどれだけいるだろうか？　自分の仕事の業績によって報酬額が左右されるのは、まだ納得できる。けれども、自分よりも評価の高い人が上に何人もいたり、自分の評価が真ん中より下のほうだったりすることに不服を感じない人はむしろ稀に違いない。

ところが、その昔、年功序列時代の日本企業に年次評価は存在しなかった。年齢（入社年次）で一律的に処遇が決まるため、わざわざ評価を行って差をつける必要がなかったからだ。

現在のような年次評価が日本企業に導入されはじめたのは、わずか二十数年前のことである。その原型はアメリカから輸入されたものだ。日本企業はアメリカ式の評価制度を取り入れて20年ほどの間に、それがあたかも昔から存在する制度のように組織に同化させてしまったのである。

多くの企業における現在の評価制度では、評価は年次目標の達成度によって決定される。そして、その年次目標はもともと、会社全体の業績目標が分配されてきたものだ。つまり、評価の前提となる目標自体、自分が望んだものというよりも、「外発的」に与えられたものなのである。また、個人の年次目標の水準は、毎年、高まっていくのが一般的である。

その一方で、高い目標を達成するためには、個人の成長が必要とされる。そして、個人が成長を続けるためには、本人の学習意欲が必要になる。また、より高い目標を達成するためには、各人固有の強みが活かされることも重要だ。そのため、本人が「もっと成長したい」とか、「もっとチャレンジしたい」と思わない限り、成長を持続することは難しい。つまり、目標達成のためには、「内発的」な動機付けが不可欠なのである。

年次の目標管理、評価においては、これら外発的な動機付けと内発的な動機付けをバランスよく実現することが求められる。しかしながら、大多数の日本企業においては外発的な動機付けが優先し、内発的な動機付けが不足しているのが実情である。その結果、社員は目標管理を強いられていると感じることになる。

アメリカ企業は、もともとトップダウンのカルチャーが強く、外発的な動機付けが強かった。これまでのアメリカ式の評価制度は、そのようなトップダウンカルチャーによくフィットしていたと言える。会社が期待する成果を上げた個人を高く評価するという考え方は、アメリカ的な合理主義に則していたのだ。しかし、そのアメリカ企業が１８０度、方向転換を図ろうとしているのである。

年次評価を廃止するアメリカ企業は、内発的な動機付けを優先させる方向にシフトしようとしている。その背景には、より機敏な業務運営や、より多くのコラボレーションが求められるようになったというビジネスの変化がある。また、より多様な専門性と価値観を持った人材を活かせる組織に変わることへの戦略的な要請がある。

そして従来型の評価制度は、そのような業務や組織風土の変革の障害となっていると認識されはじめた。だからこそ廃止の対象となるのだ。アメリカ企業は年次評価を廃止することによって、より高い生産性と競争力を実現しようとしている。それは、さらなる成長のための人事・組織戦略とも捉えることができる。

日本企業にとって、このようなアメリカ企業の戦略は無関係なことではない。それどころか、グローバル競争を行ううえでの大きな脅威と考える必要がある。

また、年次評価を廃止すると言ったとき、どうやって報酬額を決めるのか、といった疑問に目がいく人も少なくないが、それは派生的な論点に過ぎない。この問題は、生産性の向上や競争力の強化をどのようにして実現するかという大局的な見地に立って捉えることが必要である。

さらに、中小企業やベンチャー企業の中には、大企業が採用しているような評価制度を導入しなければ立派な会社になれないのではないかと勘違いしている会社も少なくない。これから新しい制度を導入するのであれば、現在の日本の大企業を参考にするのではなく、本書で述べる内容を参考にしていただくほうがよかろう。

本書は次の4章によって構成されている。

第1章では、アメリカ企業におけるビジネスの変化と、社員のランク付け（レーティング）の問題点に関する各種研究結果を踏まえて、アメリカ企業が年次評価を廃止する理由を多面的に解説する。アメリカ企業は年次評価の廃止によって、ヒト中心経営を真剣に実現しようとしていることを理解されたい。

第2章では、年次評価を廃止して目指す、新たなパフォーマンスマネジメントの姿について解説する。「リアルタイム」「未来指向」「個人起点」「強み重視」「コラボレーション促進」という5つの基本原則は、これまでの常識の転換である。それらが、新たなパフォーマンスマネジメントにおいてどのように実現されるかを説明する。

第3章では、日本企業における目標管理・評価制度の問題点について、過去からの歴史を振り返りながら整理する。目標管理・評価制度に課題を抱えていない企業は皆無と言っても過言ではなかろう。現在の制度のままでは、もはやパフォーマンス向上の限界に達しているという問題意識を共有したい。

第4章では、マネジャーのためのチェックリストを提示する。新たなパフォーマンスマネジメントの成功の鍵は、現場におけるマネジャーのピープルマネジメント力にかかっている。そのため、これからのマネジャーに求められる14項目の視点や行動を整理して解説したい。

「年次評価を廃止した新たなパフォーマンスマネジメント」というテーマの中には、今後の企業やマネジメントのあり方を考えるうえでの豊富なエッセンスが詰まっている。本書を手に取られるさまざまな立場の方が、ここから多くのインサイトを得ていただければ幸いに思う。

2016年秋

松丘 啓司

目次

第1章 アメリカ企業が人事評価を廃止する理由

第2章 新たなパフォーマンスマネジメントの姿

第1章

アメリカ企業が人事評価を廃止する理由

1 パフォーマンスマネジメント変革のトレンド

２０１２年頃からアメリカ企業（アメリカ発祥のグローバル企業を含む）において、年次での人事評価を廃止する企業が増え続けている。ギャップ、アドビシステムズ、メドトロニック、マイクロソフト、カーギル、ＧＥ（ゼネラル・エレクトリック）、アクセンチュアなど、名だたる企業が年次評価の廃止に踏み切っている。２０１５年の時点でフォーチュン５００の約10％が年次評価をすでに廃止したと言われており[1]、その傾向は拡大の一途にある。

ここで言う年次評価とは、企業の年度ごとに、社員に対してＡ・Ｂ・Ｃといった数段階で成績をつけることを指している。日本でも大半の企業が同様の評価を行っているため、その内容については改めて説明するまでもなかろう。

しかし、年次評価を廃止すると言ったとき、そこには２つの意味が含まれていることを理解しておく必要がある。1つ目は、A・B・Cといった社員のランク付け（レーティング）を行わないということである。2つ目は、年度単位で社員の評価を行うという業務（アニュアルパフォーマンスレビュー）を止めるということだ。

日本の企業と同様に、アメリカ企業においても年初に当年度の目標を設定し、中間段階で進捗状況のレビューを行い、年度末に実績を踏まえて人事評価を実施して、本人にフィードバックを行うというプロセスが一般的に行われてきた。

過去の日本における成果主義の導入に伴って、日本企業がアメリカ式の制度を輸入してきた経緯があるため、日本の制度がアメリカ式に似ていると言ったほうがむしろ適切であろう。いずれにせよ、アメリカ企業においても年次評価はずっと行われてきたし、日本企業以上にランク付けは厳しく実施されてきた。

このような目標管理・評価のプロセスを、アメリカでは「パフォーマンスマネジメント」と呼んでいる。そこには、社員が業績（パフォーマンス）を高め、目標を達成することを通じて、組織や会社全体のビジネスパフォーマンスを高めるためのマネジメントという意味が込められている。

パフォーマンスマネジメントという言葉は、日本ではそれほど一般的に用いられていいな

図表1　パフォーマンスマネジメント変革の全体像

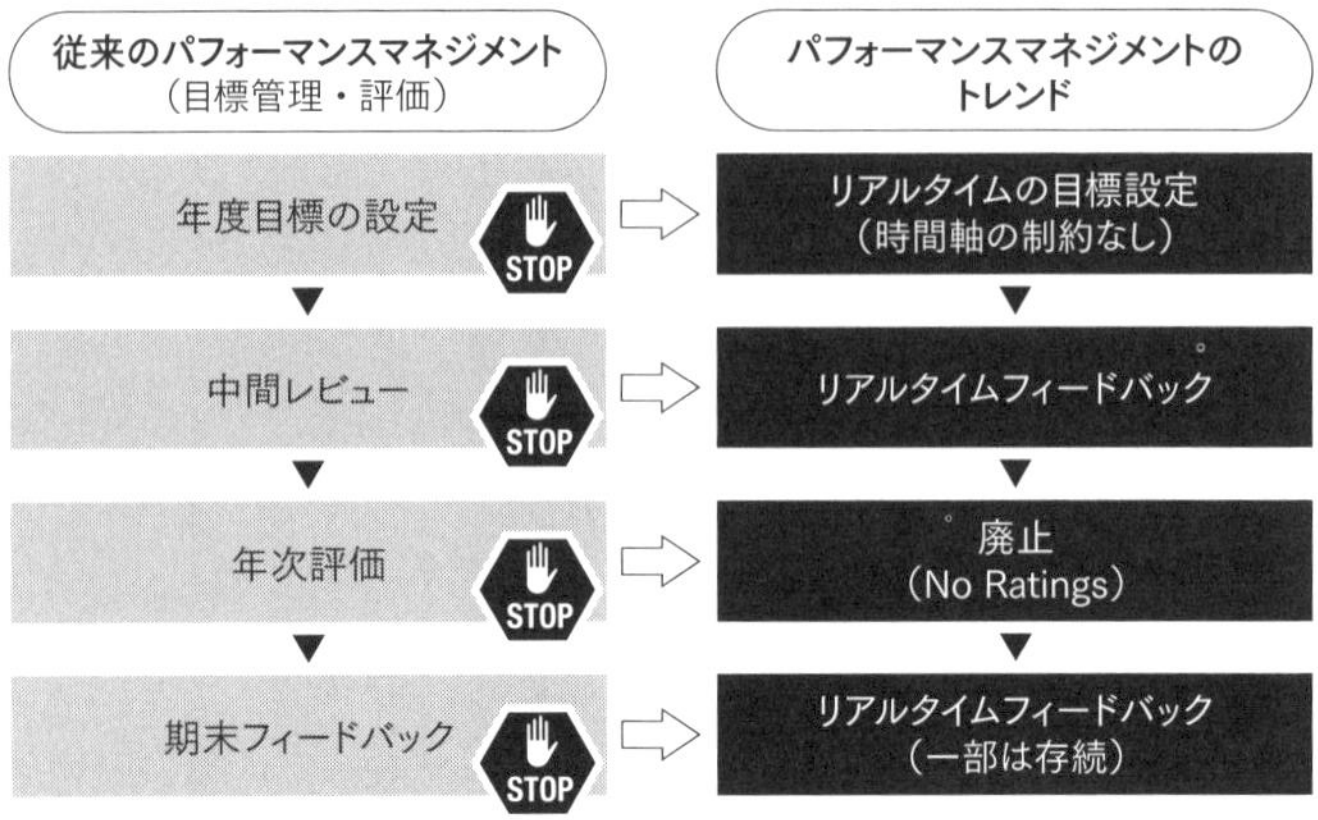

いが、目標管理制度と評価制度を一括りにした適切な人事用語が存在しないため、本書ではパフォーマンスマネジメントという言葉をそのまま用いる。

パフォーマンスマネジメント変革の全体像

それでは、従来のパフォーマンスマネジメントのどこがどのように変化しているか、全体的に見てみよう（図表1）。個々の企業によって若干の差は見られるが、大方の傾向は次のとおりだ。

年度目標設定の廃止

まず、年度目標の設定は廃止される。個人の目標設定や評価から、年度単位という時間軸が取り除かれるのである。その理由については、次節で詳しく述べるが、年初に全員が一斉に目標設定を行うことは止める。そのかわりに、期中においてタイムリーに目標を設定したり、変更したりすることが繰り返される。

中間レビューの廃止

中間レビューも廃止される。しかしそれは、期の途中で何のフィードバックも行わないという意味ではない。目標が臨機応変に設定されるように、その結果に対するフィードバックも随時、実施される。これは、わざわざ中間面談や期末面談のタイミングまで待つのではなく、リアルタイムでフィードバックを行ったほうがはるかに有意義だからである。

年次評価の廃止

先に述べたように、年次でのレーティングは廃止される。それはA・B・Cというランク付けをしないという意味であり、目標と実績の振り返りはリアルタイムフィードバックの場で常に実施される。

期末フィードバックの廃止

期中に頻繁にフィードバックが実施されているため、期末フィードバックの必要性はなくなる。ただし、1年の終わりにその1年間をじっくり振り返る機会を持つことにはそれなりに意味があるため、年度末の面談制度は残している企業もある。また、年次評価は廃止しても、翌年度の給与額などについて伝える機会は必要である。

以上がパフォーマンスマネジメント変革の全体像である。社員のランク付けと年次サイクルのプロセスを止め、リアルタイムかつ多頻度の目標設定とフィードバックを繰り返すというのが、おおまかな内容になる。

従来のパフォーマンスマネジメントではパフォーマンスの向上につながらない

このように、アメリカ企業がパフォーマンスマネジメント変革を実施している理由は、一言で述べるとシンプルだ。従来のパフォーマンスマネジメントが個人や組織のパフォーマンス向上につながっていないと見なされはじめたからである。

効果がない割には、従来のパフォーマンスマネジメントには時間とコストがかかる。評価のために大量の書類を作成したり、長時間の会議を行ったりすることにマネジャーたちが要する時間は膨大である。労力を費やす割には効果がないため、投資対効果がきわめて低く、そのまま継続するのは経済合理性を欠くという判断である。

では、なぜ従来のパフォーマンスマネジメントがパフォーマンス向上のために役立っていないのか。その点を明らかにすることが必要だろう。

以降では、その理由についてさまざまな角度から解説していく。企業によって、どの理由を最重視するかはそれぞれ異なるが、どの問題認識についても企業を越えた共通性がある。

2 仕事のアジャイル化

アメリカ企業が年次評価を止める背景には、ビジネスからの要請がある。パフォーマンスマネジメント変革は、単なる人事制度の見直しではなく、ビジネス戦略を遂行するための人事戦略・組織戦略であると言ってもよい。従来のパフォーマンスマネジメントでは、ビジネス戦略の成功を支援できなくなってきたから変革が求められているのである。

ビジネススピードの変化

まず第1に、ビジネスを取り巻くスピードが加速したために、1年先の目標設定では時間軸が長すぎると感じられるようになってきていることがある。変化の激しい業界では数カ月先でも長すぎるくらいであり、数週間や場合によっては数日で目標が変わる可能性もある。

また、会社全体の目標を末端の個人までブレークダウンしている企業では、目標が個人にいきわたるまでに数カ月を要する。だが、その間にビジネス環境が変化して、個人が目標を立てた時点で、会社目標がすでに古めかしいものになっているといった現象も起こっている。

それに加えて、市場と対面するビジネスの現場は、そもそも1年という区切りでは動いていない。目標の時間軸は、その目標の内容によって異なるはずであるし、目標の優先順位も刻一刻と変化する。

パフォーマンスマネジメント変革の背景には、このようなビジネススピードの変化がある。しかし、ただ環境変化のスピードが速くなったからというだけではない。速くなったことが、仕事の進め方自体を大きく変えつつあることに着目することが重要である。

仕事の進め方の変化

かつて望ましいとされた仕事の進め方は、いわばウォーターフォール型だった（滝のように一方向に流れる仕事の進め方）。しっかりとした計画を立てて、計画にしたがって製品やサービスをつくり、万全のテストを行ってから市場に出す。これが、過去には正しいとされてきた仕事の進め方である。

ウォーターフォール型の仕事では、通常、構想段階から市場投入までに数年間かかるため、年度単位で物事を計画することには合理性がある。そのため、それに合わせて個人の目標設定を行うことも業務と整合が取れる。しかし、現在では仕事の進め方自体に、より機敏な（英語で言うと「アジャイルな」）動きが求められている。

これは、特にインターネットビジネスにおいて顕著である。インターネットビジネスの場合、新サービスが市場に受け入れられるかどうかは、実際に使ってもらわないと判断できないことがほとんどだ。そのため、最低限の機能を備えたサービスの段階で市場投入し、顧客の声を聞きながら変更を加えていくという進め方になる（いわゆる「リーンスタートアップ」というアプローチ）。これは、完璧な機能を備え、完璧にテストしてから市場に出すよりも時間的に速いだけでなく、成功確率もずっと高くなる。

急速なデジタル社会の進展によって、このアプローチはシリコンバレーのインターネットビジネスに限る話ではなくなった。今やあらゆる産業に共通したビジネス課題と認識されている。重厚長大産業の代表とも言えるGEが年次評価の廃止に踏み切った理由も、そこにある。

GEのビジネス戦略

GEでは2012年より、「インダストリアル・インターネット」と呼ばれるビジネス戦略を全社的に推進してきた。ビジネスのデジタル化に伴って、製造業はもはやモノをつくって売るというビジネスモデルに留まっていることはできない。ハードとソフトの融合によって、顧客への価値を最大化することを目指したビジネスモデルに転換しなければ、これまでのように優位性を維持できないという危機感がそこにはある。

典型的な事例として、GEのジェットエンジン事業が挙げられる。同社はジェットエンジン市場で最大シェアを有しているが、過去数年でそのビジネスモデルを大きく転換させてきた。現在、GEのジェットエンジンには数百個のセンサーが組み込まれているが、センサーが読み取ったデータはインターネットを通じて集約され、ビッグデータ解析が行われている。その分析結果に基づき、エンジンが故障する前に予防保全のサービスを提供することが可能になり、顧客の保守費用の削減に大きく貢献している。

また、顧客からエンジン以外のフライト計測データなども提供してもらうことによって、どのように飛行機を操縦すれば燃料消費を削減できるかといった、製造業の範ちゅうを越えた提案まで行っている。モノを売って終わりではなく、モノとインターネットが繋がることによって、売った後にも継続して、顧客への価値提供を最大化し続けるビジネスモデルへと移行しているのである。

これは、ジェットエンジンに限った話ではない。GEのあらゆる事業部門において進められているビジネス戦略である。GEでは、このようなビジネスモデル変革を実現するために、製品を素早く市場に投入して顧客の声を聞くというシリコンバレー流の仕事のやり方を取り入れた「ファストワークス」という プログラムを全社的に展開している。[2] 従来のウォーターフォール型の仕事の進め方では、デジタル競争の中で後れを取ってしまうため、大規模な業務変革が行われているのである。GEが年次評価を廃止した背景には、このようなビジネス戦略からの要請がある。

仕事の進め方自体が機敏になれば、個人の目標設定やフィードバックも機敏に実施されないと整合が取れない。逆に、機敏なパフォーマンスマネジメントが実現されることによって、業務変革はより推進される。つまり、業務の変革とパフォーマンスマネジメントの変革は表裏一体なのである。

3 コラボレーションの必要性

GEのファストワークスは、機敏な仕事の進め方への転換だけではなく、組織横断的なプロジェクトによる仕事も推進している。組織の壁を越えたコラボレーション（協働）によって、ビジネスの成果は高められるからである。そのために、縦割りでサイロ型の組織風土を変える取り組みが実施されている。

もちろんこれは、GEのような製造業だけの話ではない。デジタル化やグローバル化によって、すべての業界で、これまでとは異なるスキルや価値観を持ったメンバーとのコラボレーションがますます求められるようになっている。

パフォーマンスとコラボレーションの関係

アメリカのリサーチ・コンサルティング会社であるＣＥＢ社の調査[3]によれば、２００２年から２０１２年の10年間で、ビジネスの収益性に占める社員のパフォーマンス要素のうち、個人タスクによるパフォーマンスの割合は78％から51％に低下、そのかわりにネットワークによるパフォーマンスの割合が22％から49％へと大きく増加したと報告されている。つまり今日では、個人タスクとネットワークのパフォーマンスへの貢献度はほぼ同等であり、職種による差もほとんど見られないのである（製造部門やコールセンターや役員層もほぼ同じ比率である）。

「ネットワークによるパフォーマンス」とは、個人が他者のパフォーマンス向上に貢献したり、逆に他者からの貢献を自身のパフォーマンス向上に活用したりすることによって発揮されるパフォーマンスのことを指す。つまり、メンバーの相互貢献がビジネスの成果に大きくかかわるようになってきたのである。

アメリカはもともと職務主義の強い国である。社員の職務（ジョブ）は明確であり、各人は自分のジョブとして定義された仕事のみを行うという意識がきわめて強く存在する。

仕事がジョブ単位で完結する場合、個人のランク付けを行うというレーティングにはそれなりの意味がある。同等のジョブを担当する社員を比較して処遇することには合理性があるからだ。

だが、この20年間でコラボレーションが必要な仕事は50％増加したとも言われている。[4] そして、メンバーどうしの連携が求められる職場になると、社員をランク付けする年次評価はコラボレーションの阻害要因になる。相互に貢献しあおうとする意識よりも、互いに競争する意識を優先させてしまうからだ。他のメンバーに対して貢献しても自分の得にならない（むしろ損になる）状況では、コラボレーションは進まないだろう。行き過ぎれば、共食いを促進する組織風土を生み出してしまうおそれもある。

マイクロソフトが社員のランク付けを止めた理由の1番目は、この点にある。2013年にマイクロソフトの人事責任者から全社員に送られた社内文書では、パフォーマンスマネジメント変革を行う目的の第1に、チームワークとコラボレーションを重視することが挙げられていた。

――パフォーマンス向上のために私たちは3つの要素にフォーカスします。それは自分自身の仕事を行うだけではなく、皆さんが他のメンバーからのインプットやアイデアをいかに有効に活用するか、また他のメンバーの成功のために何を貢献するか、そして、どのようにしてそれらをより大きなビジネスインパクトへと積み上げるかです。[5]

心理的安全がコラボレーション効果を高める

ハーバード・ビジネススクールのエイミー・C・エドモンドソン教授は、「知識が絶えず変化する組織や人々が協働する必要がある組織においては、心理的安全が必要不可欠になる」[6]と述べている。「心理的安全」とは、自分の考えや気持ちについて、メンバーが気兼ねなく発言できる職場の雰囲気のことを指している。心理的安全が高まることによって、コラボレーションの効果を高める組織内のコミュニケーションが生み出されるのである。

実際に、グーグルで成功しているチームの持つ特性を分析したところ、心理的安全が最も重要な要因であることが判明した。[7]グーグルでは人事政策の決定は、すべてピープルアナリティクスチームによるデータ分析に基づいて行うことをモットーにしているが、ありとあらゆる項目（メンバーどうしでの社外での食事の回数やメンバーの趣味の共通性といったことまで）をデータ分析しても、成功するチームの特性を説明することができなかった。しかし、最終的に心理的安全の理論に基づく分析を行った結果、それが優れたチームワークの要因を最も裏付けることがわかったそうである。

自分が知らないことを人に尋ねたり、間違ったことを述べたりすると非難され、評価が下がるような職場では、心理的安全が得られない。したがって、年次評価によるランク付けの廃止は、職場の心理的安全を高めることによるコラボレーション促進を目的とした組織風土変革と捉えることができる。

マイクロソフトのグローバルパフォーマンスプログラムの責任者は、年次評価の廃止から2年が経った2015年に次のように述べている。

——社員からのフィードバックによると、レーティングを廃止したことによって、社員の脅威、心の動揺、社内競争が和らげられている。[8]

パフォーマンスマネジメント変革によって、心理的安全が高まったという成果の現れである。

4　ヒト中心経営へのシフト

すでにいくつかの調査研究結果を紹介したが、アメリカにおいてパフォーマンスマネジメント変革を後押ししてきた要因として、人事領域におけるデータ分析の進展を欠かすことができない。これまで、企業の人事担当者や人事コンサルタントによってアナログ的に議論されていたことが、データで検証されることによって、確証を持った変革が可能になっている。

それらの研究結果を踏まえて、従来は合理的と考えられてきたレーティングのあり方が、実は正しくなかったという認識が高まってきた。以下では3つの視点から、レーティング自体に内在する問題点を述べる。

❶評価エラーの多発

ビジネスモデルの変化によって、企業ではますます多様な専門人材が必要とされるようになった。製造業を例にとれば、モノとインターネットの融合によって、センサーなどのハード技術、ビッグデータ解析、人口知能、ウェブマーケティング、グラフィックデザインなど、より特化した専門家がコラボレーションしながら、しかもよりグローバルに連携することが求められる。それに伴って、企業の人材獲得競争は激化している。それは、特定の専門性を持つ人材を社内で育成するのが困難であるからだ。

すでにスキルを有する人材を採用しなければビジネスの競争に参加することができないが、そのような尖った専門人材を従来の社内基準で評価しようとすると、評価エラー（誤った評価）が多発する。「我が社の評価基準では、あなたはC評価です」とでも言おうものなら、その人はすぐに辞めてしまうだろう。他にもっと高く評価してくれる企業がいくらでもあるからだ。このように、多様な人材を画一的な基準で評価することはますます難しくなっている。

ところで、社員をA・B・Cとランク付けできるということは、そこに何らかの共通尺度が存在するということの証でもある。なぜならば、画一的な基準がなければ相対評価はできないからである。しかし、社員のランク付けを行っても、その結果が正確性を欠いているならば、レーティングの信ぴょう性がなくなるばかりか、経営判断を誤らせてしまいかねない。

2015年にアメリカの人事責任者を中心に実施されたサーベイによると、「社員のレーティングはパフォーマンスを正確に表していると信じている」という質問に対して、「強く同意する」「同意する」と回答された割合は35％に留まった。[9] 人事責任者の多くは、評価エラーが起こっているると感じているのである。

❷正規分布の誤解

そもそも、社員をランク付けするという考え方の背景には、社員のパフォーマンスは正規分布するという暗黙の前提がある。しかし、ある調査研究によると、企業に限らずあらゆる組織における人のパフォーマンスは、正規分布ではなくパレート分布（べき分布）す

図表2｜個人のパフォーマンスの分布

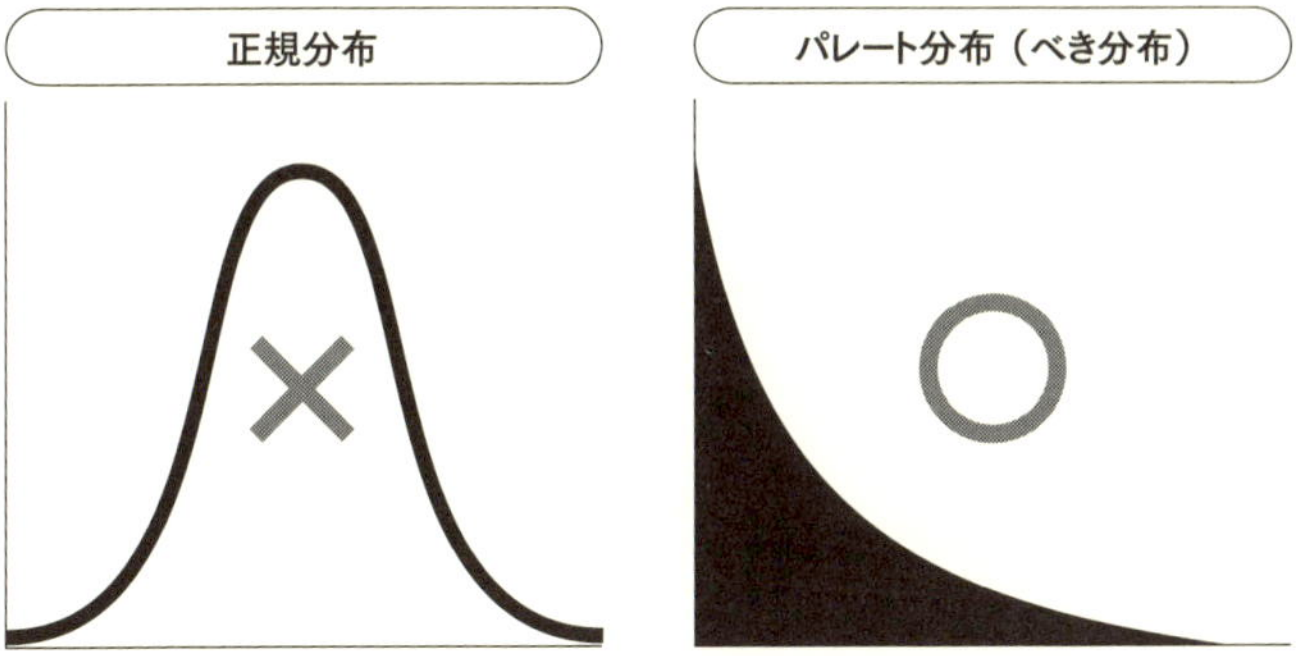

ることが検証されている[10]（図表2）。マーケティングの世界で言うロングテールと同じように、スキーのスロープのようなグラフの形状を描くのである。

たとえば、ある会社において社長表彰を受けたことのある営業担当者の数をグラフにすると、パレート分布を示すであろう。また、研究開発部門において特許申請した件数別の人数をグラフにしても、同様の結果になるに違いない。

ビジネス以外の世界でも、オールスター戦に出場した回数別のプロ野球選手の人数、権威ある賞を受賞した回数別のミュージシャンの人数など、すべてパレート分布になる。パレート分布は、もともと20－80ルール（日本では「ニッパチの法則」などとも呼ばれる）というパレートの法則を示したものである。

同様に、正規分布を表現したいわゆる2－6－2の法則も、科学的な事実のように語られている。これは、どの組織にも、できる2割、中間の6割、できない2割の社員が存在するという意味だ。だが、それは画一的な基準によって人為的に相対評価を行うから当然そうなるのであって、はじめから正規分布しているわけではないことに注意してほしい。

パレート分布を前提とするならば、大多数の社員は中間値よりも低いところに位置することになる。だからといって、当然ながらこれらの社員が不要なわけではない。一部のローパフォーマーを除いては、ほとんどが必要な人材だ。それならば、あえて中間値以下を細かくランク付けするよりも、皆にモチベーション高く働いてもらったほうが得策ではないか。最近では、このような考え方が強くなってきている。

会社によっては評価制度にパレート分布の考え方を織り込んで、A・B・C・Dの4段階評価でCを6割にするといったガイドラインを示しているところもある。だが、どうせCが過半数を占めるのであれば、わざわざ全員に評価を付けることをせず、ハイパフォーマーとローパフォーマーのみを識別すればよいのではないかとも考えられるようになってきているのだ。

グーグルでは先に述べたピープルアナリティクスチームが、トップパフォーマーの価値を計算している。同社では、きわめて優秀な技術者は平均の300倍の価値があると言われている。[11] つまり正規分布の考え方では、トップパフォーマーの価値が実際よりも低く抑えられることになるという弊害もあるのだ。

❸脳科学による指摘

アメリカでは脳科学（ニューロサイエンス）のビジネスへの活用が活発であるが、それらの研究から、レーティングは社員の学習や成長への意欲を阻害していることが指摘されている。

脳科学の検証によると、数値によってランク付けされることによって、人は学習や成長に対してネガティブになる「硬直的なマインドセット（フィックスト・マインドセット）」（スタンフォード大学のキャロル・S・ドゥエック教授によって示された概念[12]）を強化させてしまう。そのことによって、社員はフィードバックに耳を閉ざし、ストレッチゴールを危険と考え、学習に向けたモチベーションを低下させ、努力を避け、他人の成功を脅威に感じるようになると言われている。[13]

これは、レーティングが社員のモチベーションの向上や人材開発に役立っていないばかりか、むしろ有害であるという指摘である。その有害な要素を取り除かなければパフォーマンスの向上につながらないという考え方が、パフォーマンスマネジメント変革を行う多くの企業に支持されている。

また、レーティングは評価を受ける社員だけでなく、評価する側のマネジャーにも嫌われている。評価結果の理由をこじつけたり、部下がモチベーションを落とすようなフィードバックを行ったりすることは、マネジャーにとってもストレスがかかるからだ。そのため、年次評価を止めた企業では、マネジャーが以前よりも率直にフィードバックができるようになったという声も耳にする。

ミレニアル世代の台頭

前項では3つのポイントから、レーティング自体の問題を整理した。しかし、問題のあるレーティングを止めたからといって、パフォーマンスマネジメントそのものを止めるわけではない。

それでは、新たなパフォーマンスマネジメントの軸足はどこにあるのだろうか。そこには、人材の価値観の変化が大きくかかわっている。

ミレニアル世代の定義はさまざまに存在するが、主に2000年以降に社会に出てきた層を指している。おおよそ現時点（2016年の時点）で20代から30代後半あたりの人々が該当する。

ミレニアル世代の最大の特徴は、インターネットを当然のものとして日常生活を送ってきたというところにある。この世代の人々が何かを知りたいと思ったときには、スマートフォンなどを使ってその場で調べるし、友人たちとのコミュニケーションもソーシャルメディアが基本になる。投稿したコメントには、即座に返信が寄せられる。

「今時の若者は……」といった会話が日本でもしばしば交わされるが、その世代が企業の中で多数を占めるようになると、もはやマジョリティの存在となる。そのため、すでにミレニアル世代が全社員の70％を占めるに至ったアクセンチュアでは、ミレニアル世代の価値観に会社全体の風土を合わせようとしている。同社のCEOは次のように述べている。

――ミレニアル世代は今日のリアルタイムワールドを体現した存在だ。……彼らは働き方の柔軟性と迅速なフィードバックを求めている。彼らを古めかしい後ろ向きのパフォーマンスマネジメントの箱に閉じ込めようとすると辞めてしまうだろう。……パフォーマンスを測るために、強制的なランキングと同僚との比較にはもう頼らない。時間のかかるアセスメントフォームづくりはもうやらない。[14]

自身の成長を重視し、リアルタイムワールドに生きているこの世代の社員にとっては、半年前、1年前のことをフィードバックされてもテンポが合わず、かなり後ろ向きの話を聞かされているように感じられる。すなわち、フィードバックは「リアルタイム」かつ「未来指向」である必要がある。

また、多様な価値観を持ったこの世代の人材を、画一的な尺度で評価することもできない。アクセンチュアが2015年から2016年にかけて行ったグローバル調査では、「パフォーマンスマネジメントは個々人に応じて行われるべき」と回答した対象企業の社員の割合は77%にも上っている。[15]

標準的な尺度で一律的にパフォーマンスを評価するのではなく、個々人に応じた、個人起点のパフォーマンスマネジメントが求められているのである。つまり、個人の強みや価値観、働く動機、ライフスタイル等を踏まえた目標設定やフィードバックが必要とされているのだ。パフォーマンスマネジメントが画一的な基準ではなく、個々人の違いに応じて行われるという発想に転換すると、相対評価によるランク付けは意味をなさなくなる。

同じくコンサルティング会社のデロイトにおいて実施された社内サーベイでは、「職場において私には毎日、ベストを尽くす仕事の機会がある」という問いに対して、「強く同意する」とメンバーが回答した組織においては、それ以外の組織と比較して顧客満足度は44%高く、社員の離職率は50%低く、生産性は38%高いという結果が得られた。[16]

このことは、個人が充実感や成長実感を持てる組織では、個人のパフォーマンスだけでなく、組織全体のパフォーマンスが高められることを物語っている。そのため、個人が内在的に持つ強みを理解し、それを活かして伸ばしていく方向でのパフォーマンスマネジメントが重要になる。つまり、新しいパフォーマンスマネジメントは、「個人起点」で「強み重視」でなければならないのである。

日本企業だけではなく、アメリカ企業においても、人材の重要性はずっと昔から語られてきた。そう言われながらも実際のところは、社員の学習意欲や成長意欲を低下させるパフォーマンスマネジメントが実施されてきた。そこには、いわば言行不一致があったと言えよう。パフォーマンスマネジメント変革を行った企業は、これまでとは180度方向転換し、本当の意味でヒト中心経営に舵を切ろうとしているのだ。

5 懸念事項への回答

年次評価を止めると言ったとき、人事担当者から最初に質問されるのは次の3つの質問である。1つ目は報酬額をどうやって決めるのか。2つ目は昇進をどうやって決めるのか。3つ目はローパフォーマーの扱いをどうするのかである。

これらのポイントは、実はパフォーマンスマネジメント変革においては、さほど本質的な問題ではない。しかし、逆にこれらの疑問を解消することによって、パフォーマンスマネジメント変革のより重要な部分が明確になるだろう。ここでは、アメリカにおける調査[9][17]も参考にしながら、これらの疑問を解消しておきたい。

❶報酬額の決定

A・B・Cといった年次評価がなければ報酬額を決められないのではないかという疑問を持たれることが多いが、その心配はない。先に正規分布の誤解に関する説明でも述べたように、多くの場合、レーティングは意図的に決められている。そこには報酬額の決定に関する意図もすでに織り込まれていると言ってよい。

つまり、年次評価がインプットとなって報酬額が決まるという直列の流れではなく、年次評価を決める段階で給与の水準も想定されているのである。そのことは、年次評価がなくても報酬額を決められることを意味する。

では、年次評価を廃止した企業が、具体的にどのようにして報酬額を決めているのかと言えば、最も代表的なのがマネジャーに原資を渡してマネジャーが決定するという方法である。マネジャーがメンバー一人ひとりに対する報酬額決定のストーリーを描き、それを伝えるという方式だ。

年次評価がなくても、業績に関するデータや日々の仕事に関する情報をマネジャーは当然、把握している。そして何よりも、期中における頻繁な対話を通じて、メンバーの目標設定とフィードバックが繰り返し行われている。実際に年次評価を廃止した企業の話では、頻繁に対話を行った結果、報酬決定に対する年度末のサプライズ（ネガティブな驚き）は、以前よりもかなり減少しているということである。

マネジャーが報酬額を決める場合でも、キャリブレーション（calibration）と呼ばれる調整プロセスを行っている企業もある。これは社員間の業績を比較して調整を加えることで、報酬決定の公平性を担保しようとするものである。

マネジャーに原資を渡す以外の方法として、会社業績を基に等級に応じた金額を一律的に配分するというやり方もある。社員の等級にはすでにこれまでのパフォーマンスが反映されていること、また、昇給額に細かい差をつけてもモチベーションの向上にはさほど影響しないことから、そのような割り切った方法を用いている企業もある。

メンバーに対するパフォーマンスレビューからは年次評価を廃止するが、人事とマネジャーの間で給与査定用のレーティングを残している企業もある。パフォーマンスマネジメントは動機付けや人材開発にフォーカスし、給与査定を切り離しているのである。

いずれのやり方を採用するにせよ、ペイフォーパフォーマンス（パフォーマンスに応じた報酬）という基本原則はこれまでと変わらない。年次評価を廃止しても、報酬額は業績や貢献度に応じて決定される点に違いはないのである。

❷昇進の決定

現在の業績評価は昇進後の能力発揮を保証するものではないため、年次評価が存在したとしても、年次評価だけで昇進が決められているわけではない。ほとんどの企業においては、新たな役割を遂行するための能力やリーダーシップに関するアセスメントを実施して、総合的に昇進を判断している。そのやり方は年次評価がなくなっても何ら変わりがない。

また、企業によってはタレントレビューを制度化しているところも少なくない。タレントレビューとは、一定の等級以上、あるいは全社員に対して、その上司を含むマネジメント層と人事が参加して、一人ひとりの成長シナリオを毎年、話し合う場のことである。

いわゆるサクセッションプラン（後継者育成計画）があるポジションに関して次の後継者候補を議論するものであるのに対して、タレントレビューは個々人について一人ひとりの開発プランが検討される。また、その議論を通じて、ポテンシャルの高い将来の経営リーダー候補が識別されることになる。

GEではパフォーマンスマネジメント変革を行うずっと以前から、タレントレビューを継続的に実施している。GEのタレントレビューでは、人事部門ではなくビジネスチームのリーダーが議論をリードする。マネジャーがチームメンバー全員の強み、開発課題、開発プランについて説明し、市場要因、社内要因、組織の複雑さ、リスク要素なども総合的に勘案して個々人に関する議論を行う。年次評価は廃止したものの、マネジャーはタレントレビューの準備のために多大な時間を費やしているのである。[18]

このようなタレントレビューが行われていれば、短期的な年次評価よりもはるかに適切な昇進の判断が可能になるだろう。これまでタレントレビューを制度化していなかった企業の中には、パフォーマンスマネジメント変革を機に導入した企業もある。

❸ローパフォーマーの扱い

年次評価を止めるとローパフォーマーが得をするのではないかという疑問もある。いわば「ただ乗り」が増えるのではないかということだ。アメリカ企業といえども、低い年次評価がついたからといって、自動的に退職勧奨を行ったり、解雇したりするといったことは通常行わない。多くの企業では、ＰＩＰ（パフォーマンス・インプルーブメント・プラン）と呼ばれるローパフォーマー向けの特別プログラムを実施する。

ＰＩＰとは年次評価の低い社員に対して、マネジャーと人事が追加情報を収集・分析し、半年くらいのチャレンジ機会を設定して、それらの結果を踏まえて処遇を判断するというプログラムのことだ。年次評価がなくなっても、ローパフォーマーを対象としたＰＩＰが行われることには変わりがない。

ただし、強制的なランキングによって、強制的にローパフォーマーをつくるといったことは行われなくなるため、以前の制度であればローパフォーマーとされた人が助かる可能性はある。しかし、そもそもはそのような心理的安全を損なう制度を変えることが目的である。したがって、そのことを問題視するのは本末転倒であろう。

本章では、アメリカ企業が年次評価を廃止する理由について多面的に見てきた。

これらを踏まえて、次章では新たなパフォーマンスマネジメントの姿について、より詳しく解説を行う。

第2章

新たなパフォーマンスマネジメントの姿

1　基本原則

それでは、新たなパフォーマンスマネジメントの内容について解説していこう。もちろん、それぞれの企業によって細部の違いはある。たとえばパフォーマンスマネジメントの社内名称だけをとっても、パフォーマンスディベロップメント（GE）、パフォーマンスアチーブメント（アクセンチュア）、グロー・パフォーム・サクシード（略称GPS：ギャップ）というように、企業によって異なっている。

どのように名付けるかには、各社各様の考え方が垣間見られる。「ディベロップメント」を強調しているのは、管理ではなく開発（人材開発・組織開発）を重視していることの表れである。「アチーブメント」という呼び方には、マネジャーがマネジメントするのではなく、一人ひとりが達成感を得るという個人主体のニュアンスがある。「グロー」を最初に持ってきているのは、個々人の成長が起点にあるというメッセージだ。

図表3｜新たなパフォーマンスマネジメントの基本原則

これまで		これから
年度・半期単位	⇨	リアルタイム
過去指向	⇨	未来指向
会社起点	⇨	個人起点
プロセス重視	⇨	強み重視
競争促進	⇨	コラボレーション促進

このように、企業によって強調点は少しずつ異なるものの、基本的な考え方は各社ともに共通している。本章では、各社の違いに触れながら、典型的なパフォーマンスマネジメントの内容について述べていきたい。

新たなパフォーマンスマネジメントの一般的な名称としては、たとえば「アジャイルパフォーマンスマネジメント」といった呼び方がされることもあるが[1]、現時点では一般に浸透している名称は存在しないため、本書では単純に「新たなパフォーマンスマネジメント」と呼ぶことにする。

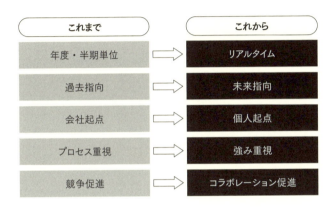

最初に、新たなパフォーマンスマネジメントの基本原則を整理しておこう（図表3）。

これらは、パフォーマンスマネジメントのいわば設計思想に当たる。第1章で述べた年次評価を止める理由を踏まえて、ここでは5つの基本原則を提示する。

❶リアルタイム

年次という時間軸を廃して、必要なときに機敏に、目標設定とフィードバックを行うことが第1の原則である。そのために、マネジャーとメンバーの1on1（ワンオンワン：1対1）の対話が、臨機応変かつ継続的に実施される。

年度単位という固定された時間軸に縛られるのではなく、現場における変化が面談の実施をキックする。その面談はメンバーから依頼する場合もあれば、マネジャーから依頼する場合もある。しかし、主役はあくまでもメンバー本人であるため、メンバー自身が自発的に面談を設定するようになることが望まれる。

この1on1の対話の名称についても、各社がそれぞれに異なるニュアンスを強調している。タッチポイント（GE）、タッチベース（ギャップ）、チェックイン（アドビシステムズ、デロイト）、ミーニングフルカンバセーション（アクセンチュア）などといった具合だ。

本書では、特定の固有名詞を使わずに、「1on1の対話」という一般的な表現を用いる。

また、リアルタイムのフィードバックは、マネジャーからメンバーに対して行うだけではなく、後で紹介するようなスマートフォンのツールなどを用いて、メンバーどうしでも行われる。それによって、チーム内のソーシャルネットワークで、フィードバックが飛び交わされることが奨励されている。

❷未来指向

リアルタイムの対話は、未来指向の話し合いを後押しする。半年や1年単位でパフォーマンスマネジメントが行われる場合、面談での会話の大半は過去の振り返りに費やされる。なぜ、そのような評価になったかという理由付けに終始し、今後の課題に関する話し合いは、面談の最後におまけのように付け足されるだけであることが多い。

新たなパフォーマンスマネジメントの目的は、過去の評価を行うことではなく、個々人の未来に向けた成長を促すことにある。それが第2の原則だ。もちろん、過去の振り返りが不要というわけではない。だが、フィードバックをリアルタイムで実施していれば、面談での話し合いは、自ずと未来に向けての成長課題に重点を置くことが可能となる。

1on1の対話では、現時点において何が優先度の高い目標なのか、自分の行動をどのように変えていけばよいのか、といった内容を頻繁に話し合うことになる。しかし、そのような短期的な課題だけではなく、仕事を通じて将来的にどのような姿を目指したいか、どのような活躍をしたいのか、といった中長期的なキャリアの志望（キャリアアスピレーション）について、時にはじっくりと対話することも必要だ。

将来のキャリアビジョンがマネジャーとメンバーの間で共有されることによって、メンバーの成長の方向性や働く動機が明確になる。マネジャーはメンバーのキャリア開発を支援する役割を担うのである。

❸個人起点

これまでのパフォーマンスマネジメントは、会社の目標からスタートし、それが部門の目標↓チームの目標↓個人の目標へとブレークダウンされていった。それによって、個人の目標達成が積み重ねられれば、会社の目標も達成されるということが期待されていた。

つまり、これまでの目標設定は会社起点であり、個人から見れば外発的であったと言える。

年単位で戦略を遂行するウォーターフォール型の仕事の進め方が機能した時代にはそれでもよかったかもしれないが、第1章でも述べたように、今日では現場における機敏な判断がなければ、不確実な環境変化に対応しきれない。そのため、新たなパフォーマンスマネジメントでは、目標設定は個人からスタートすることになる。それが第3の原則である。

もちろん、そのことによって会社目標が不要になるわけではない。企業として目指す目標が共有されていなければ、組織は運営できない。しかし、これまでのように、上から順番に目標が下りてくるのを待っているのではなく、個人起点で臨機応変に目標設定を繰り返す中で会社の目標も織り込んでいくといったような柔軟な対応が求められるのである。

すなわち、新たなパフォーマンスマネジメントは、現場の判断を尊重した権限委譲を伴うものであると言えよう。そのことは裏返せば、個々人には受け身の姿勢ではない主体性が求められているということでもある。個人起点のパフォーマンスマネジメントは、一人ひとりに自律的な行動を要請するのである。

❹強み重視

新たなパフォーマンスマネジメントは、多様性を前提としている。上からの方針に基づいて、軍隊のように組織を統率することで目標達成を目指すのではなく、個々人の持てる能力を最大限に発揮させることによって、組織の成果の最大化を目指すのである。

上意下達の統制の下では、画一的なプロセス管理が行われる。目標の進捗状況を測る指標が設定され、それをどの程度、達成できたかが管理される。たとえば、営業部門の場合、顧客を何回訪問したか、提案書を何件提出したか、といったことが管理対象になり、どちらかというと質よりも量的な指標で管理される。

また、画一的なプロセス管理は標準化を求める。業務プロセスを統一したり、業務スキルの底上げを図ったりするのは標準化である。もちろん、そのような標準化が不要というわけではないが、それだけに偏ると多様性が活かされなくなってしまう。

一方、新たなパフォーマンスマネジメントでは、個々人によって異なる強みを重視する。それが第４の原則だ。ピーター・ドラッカーも述べているように、大きな成果は強みからしか生まれない。逆に言うと、一人ひとりの強みを最大限に活かすことができれば、画一的なプロセス管理以上の成果が期待できるということだ。

個人起点に立つということは、個々人の強みに応じた行動を優先するということでもある。個々人の強みが引き出されるからこそ、メンバーの内発的な動機付けを高めることが可能になり、自律的な行動が促進されるのである。

❺コラボレーション促進

これまでのパフォーマンスマネジメントは、メンバーを競わせることによって成果を高めるという発想に基づいていた。しかし、第1章で述べたように、それはむしろ逆効果をもたらしている。新たなパフォーマンスマネジメントは競争を促進するのではなく、コラボレーションを促進するものでなければならない。それが第5の原則である。

そのために、マネジャーはメンバーとの対話を通じて、相互貢献を奨励する必要がある。また、一人ひとりの価値観やライフスタイルを尊重することによって、心理的安全が確保された職場環境をつくることも必要だ。なぜならば、一人ひとりの価値観や考え方が違う

図表4｜新たなパフォーマンスマネジメントの全体像

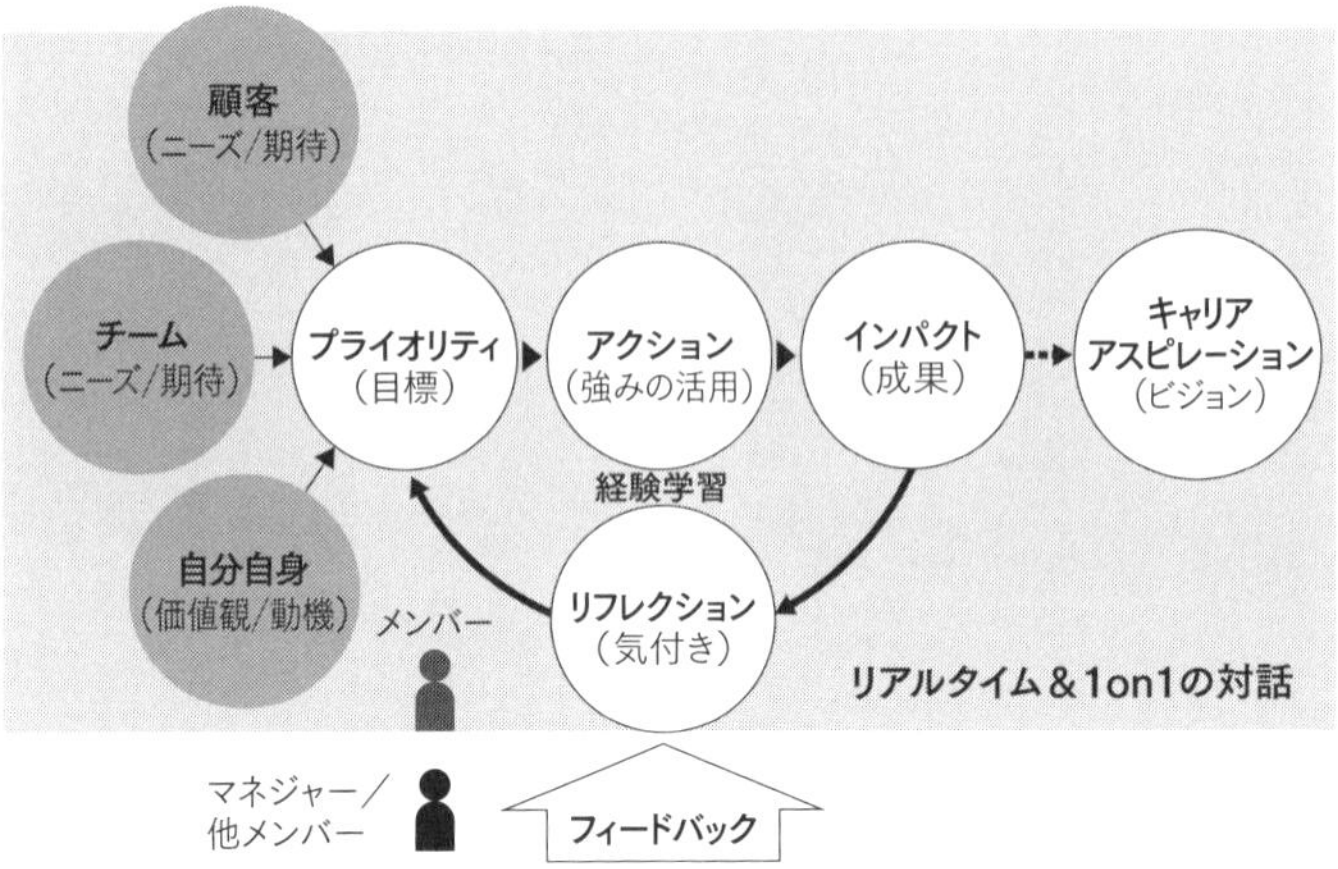

のは当然だという安心感がなければ、気兼ねなく発言することができないからだ。

そのうえで、メンバーの強みと目標をチーム内で共有することが重要である。各人の強みが共有されることで、相互理解は高まる。その相互理解はメンバー間の関係性を強化するための前提だ。

そして、目標が共有されることは相互貢献の前提である。互いに目標を理解しているからこそ、他者貢献が可能になるのだ。さらに、メンバーが相互に貢献しあうことによって、それに伴うフィードバックも活性化する。

強みや目標の共有は、ツールを使えば簡単にできる。しかし、そのうえで縦横無尽なコミュニケーションを活性化させていくためには、マネジャーのリーダーシップが重要になる。マネジャーには、個々人に目標とタスクを割り当てて管理するスタイルから、メンバー間でのコラボレーションを推進するスタイルへの転換が必要とされる。

以上、5つの基本原則について述べたが、これらを踏まえた新たなパフォーマンスマネジメントの全体イメージは図表4のようになる。以降では、個々の要素についてさらに詳しく解説していこう。

2 「プライオリティ」と「インパクト」

個々人の目標は、その時々の優先度に応じて変化する。その目標についてだが、達成したい到達点を強調して「ゴール」と呼ぶ企業もあれば、優先度のほうを強調して「プライオリティ」と呼ぶ企業もある。本書では、刻一刻と変化するというニュアンスを重視して、

「プライオリティ」という表現を用いることにする。

プライオリティをどれくらいの頻度で見直すべきかは、仕事の内容や置かれた状況によって異なるため、明確なガイドラインを設定していない企業も多い。しかし、それでは1on1の対話がタイムリーに行われないおそれもあるため、月次での面談をガイドラインとして提示している企業もある。いずれにせよ、面談はかなり頻繁に行うことが求められる。

では、プライオリティはどのような考え方で設定されるのか。そこには大きく3つの視点がある。

❶顧客のニーズ・期待

ビジネスの成果は、顧客に対して価値を提供するものでなければならない。そのため、顧客のニーズや期待に応えることが、プライオリティ設定の第1の視点となる。顧客には社外のユーザばかりではなく、間接部門の場合は社内におけるサービス提供先も含まれる。

第1章で述べたようなリーンスタートアップ式の機敏な仕事の進め方では、試作品のレベルで顧客の意見を聞き、軌道修正を繰り返しながら成果を高めていく。そのため、顧客のニーズや期待を把握する際には、顧客とのタッチポイント（マーケティング用語では顧客接点を表す）において、頻繁に顧客の反応を理解していくことが必要になる。したがって、社内の対話だけではなく、顧客との間でも頻繁な対話が必要とされる。

❷チームのニーズ・期待

チームのニーズや期待には2つの内容が含まれる。1つ目はマネジャーからのニーズや期待であり、2つ目は他のメンバーからのニーズや期待である。

マネジャー自身はチーム全体の目標達成を目指す立場にあることから、マネジャーのニーズや期待に応えることで、個人のプライオリティはチーム全体の目標とリンクする。そのため、チーム内において、そのメンバーにはどのような役割が求められているか、その役割を遂行するうえでどのような活躍が期待されているかを、マネジャーはメンバーに明確に伝える必要がある。

ただし、ニーズや期待の伝達は上位下達の命令であってはならない。プライオリティを設定するのはあくまでもメンバー本人であるため、マネジャーにはメンバーの主体性を尊重する姿勢が求められる。本人に何かをやらされているという感覚を持たせるのではなく、自分は期待されている、自分は責任ある仕事を任されていると感じさせることが重要である。

チームのニーズや期待の2つ目は、他のメンバーからのニーズや期待である。相互貢献するチームをつくるためには、プライオリティ設定の際に、各人が他のメンバーからのニーズや期待を理解していることが必要になる。もちろん、全員のニーズや期待にすべて逐一応えることはできない。だが、一人ひとりが周囲のニーズや期待を理解することによって、チームの一員としてのプライオリティを考えることができるようになる。

❸自分自身の価値観・動機

価値観・動機の定義は次節で詳しく述べるが、プライオリティは自分自身が「ぜひやりたい」と思えるものでなければならない。それによって、プライオリティを達成することに対する内発的な意欲が高められる。一人ひとりがやりがいを感じながら仕事に取り組める状態をつくることこそ、新たなパフォーマンスマネジメントに求められる一番の要件である。

自分自身の価値観・動機はまた、将来のキャリアビジョンの決定要因となる。そのため、価値観・動機に基づいて設定されたプライオリティは、将来のキャリアビジョンにつながっていくのである。

多頻度でプライオリティを更新し、その実行を繰り返すのが新たなパフォーマンスマネジメントの特徴であるが、馬車馬のように働くだけで将来がどうなるかをイメージできなければモチベーションを継続することは難しい。だが、今の仕事を通じて成長することによって、自分のキャリアビジョンが実現していくという道筋が見えれば、不安なく目の前のプライオリティに打ち込めるようになる。

価値観・動機を反映したプライオリティ設定を行うためには、メンバー自身がそもそも自分の価値観・動機を理解していなければならないし、マネジャーもそれらを理解したうえで対話することが必要になる。

プライオリティは結果指向で設定する

3つの視点から設定されるプライオリティは、これまでの目標設定と同様、SMART目標であることが必要とされる。SMARTの構成要素は、用いる人や企業によって若干異なるが（たとえば、グーグルでは達成困難な目標が推奨される、など）、一般的には以下の5つが用いられることが多い。

S　具体的（Specific）
M　測定可能（Measurable）
A　達成可能（Achievable）
R　結果指向（Results-oriented）
T　期限付き（Time-bound）

これら5つの要素はどれも重要だが、特にRの結果指向が大切である。なぜならば、プライオリティはTo Doリストではないので、単にあれをやる、これをやると作業を並べるものではなく、どのような成果を生み出したかを示すものでなければならないからだ。

たとえば、「来月のセミナーで、お客さまの5割以上から当社のサービスに関心があるというアンケートの回答を得る」とか、「次回の役員プレゼンテーションで、来期からのトライアル実施への承認を獲得する」といったように、目指す成果を表現することが必要となる。

ここで言う成果とは、たとえば売上げがいくらといった最終的な財務数字を意味するのではない。顧客（社内顧客を含む）がどう反応したかを表すもののことを言う。それは、成果が常に顧客の反応によって生まれるものだからである。顧客に対して価値を感じさせ、その意思決定に影響を及ぼすことによって成果が現実のものになるのである。

その点に着目して、新たなパフォーマンスマネジメントでは成果を表す言葉として、「インパクト」という表現がしばしば用いられる。この言葉には、顧客が何に価値を感じるかというニュアンスが含まれている。また各人が、自分は顧客に対してどのようなインパクトを生み出したいかと自問自答することによって、目標に対する高揚感を得ることができる。

プライオリティの設定数

最後に、プライオリティの適切な設定数について解説しておこう。

いくつくらいのプライオリティを設定して更新していけばよいかは、各人が有する役割や仕事の種類によっても異なるため、一概には言えない。3〜5個程度というガイドラインを示している会社もあれば、最大8個をガイドラインとしている会社もある。ただ、あまりにも多すぎると、注意が分散してしまい大きなインパクトを残すことができなくなってしまうおそれがある。

なお、マネジャーはメンバーが設定するプライオリティの中に他のメンバーとの連携を必要とするものを含めるように促すとよい。それによって、チーム内の相互交流が活発化し、コラボレーションが促進されることが期待される。

3 強みに焦点を当てる「アクション」

目標管理の面談において、メンバーの改善点ばかりを指摘するマネジャーも少なくない。もちろん、弱みをまったく改善しなくてよいというわけではない。しかし、弱みの改善だけでは大きな成果は得られないし、自身の成長に向けての意欲も高まらない。

新たなパフォーマンスマネジメントでは、弱みよりも強みに焦点を当てる。強みを活かし、さらに伸ばすことに注力したほうが得られる成果ははるかに大きい。それは、仕事における充実感が高まり、エンゲージメント（仕事や組織に対する愛着度）が向上し、自らの成長に向けて意欲を持続でき、結果的に成長スピードが速くなるからだ。また、第1章でも述べたように、一人ひとりが充実感を持ちながら仕事をしているチームでは、チーム全体のパフォーマンスも向上する。

では、ここで言う「強み」とは何か。仕事においてどのように活用するのか。それらの

図表5｜強みの構成要素

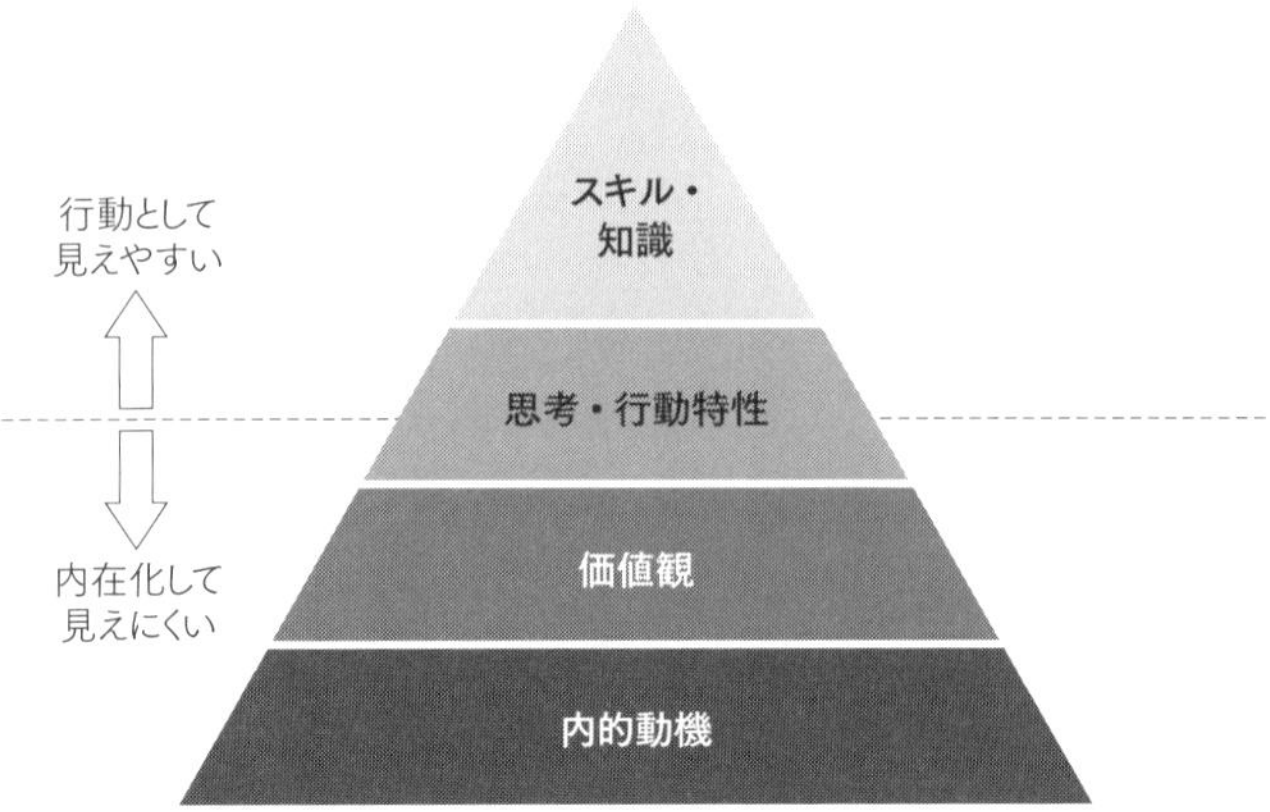

点について解説しよう。

スキル・知識と思考・行動特性の組み合わせ

図表5は強みの構成要素を表した概念図である。ビジネスにおける強みと言うと、目に見えやすい「スキル・知識」を思い浮かべやすい。たとえば、経理であれば自分で仕訳処理ができるスキルやその前提となる会計知識が必要である。これらのビジネススキル・知識は、業務を行ううえで不可欠であり、より高度なスキル・知識を有しているほど、高いレベルの業務を行うことができる。

しかし、これらのスキル・知識は人がもと

図表6｜思考・行動特性に関する強みの例

行動力に関する強み	判断力に関する強み	関係構築力に関する強み
●自己への信頼	●自己学習力	●開放性
●前進力	●課題解決力	●かかわろうとする姿勢
●明朗性	●機敏・機転	●協調性
●矛盾や曖昧さへの適応力	●状況判断力	●誠実・責任
●困難に立ち向かう力	●相互理解力	●柔軟性

もと有しているものではなく、勉強や経験によって身につけるものだ。勉強や経験をすれば誰でも同様のスキル・知識を獲得できるとは言わないが、これらは人の多様性に基づく強みではない。強みという言葉には、他人とは違う、特有であるというニュアンスが込められている。皆同じであれば、そこに強みは存在しない。

　狭義の強みは、図表5の中段の「思考・行動特性（一般的にコンピテンシーと呼ばれる特性）」に現れる。人はそれぞれ異なる思考・行動特性を有している。たとえば、物事を前へ前へと進めていく行動力のある人もいるし、何かの課題に対してその本質を深く分析することが得意な人もいる。あるいは、誰とでもすぐに打ち解けて自然に関係を構築してしまう人もいる。これらはすべて、その人ならではの強みである。参考までに、思考・行動特性に関する強みの例を図表6に示す。

ビジネスの成果は、単に専門的なスキル・知識を有しているだけで生まれるものではなく、これらの思考・行動特性と組み合わさって実現されるものだ。「経理のスキル・知識＋行動力」「経理のスキル・知識＋分析力」「経理のスキル・知識＋関係構築力」といった組み合わせによって、経理担当者は仕事の成果を生み出しているのであり、その組み合わせ方は各人によって異なる。

強みとアクションの関係

同じプライオリティを設定したとしても、成果を生み出すためのアクションは個人の強みによって異なるし、また、人それぞれの強みを活かしたアクションを工夫することが望ましいと言える。

先に例として挙げた「来月のセミナーで、お客さまの5割以上から当社のサービスに関心があるというアンケートの回答を得る」というプライオリティを達成するためのアクションについて考えてみよう。これは、自分がどのようなアクションを取ればお客さまにインパクトをもたらすことができるか、という問いにも言い換えることができる。

たとえば、Aさんは論理的なアプローチで行動したとしよう。そもそも、お客さまに関心があると言ってもらうためには、お客さまが何を課題に感じているかをあらかじめ理解しておく必要がある。そこで、Aさんは参加者の特徴（たとえば業種や企業規模）に応じた課題を十分に分析し、自社のサービスがその解決に役立つことを論理的に訴求するプレゼンテーションを作成した。

一方、Bさんは、お客さまとのパーソナルなつながりをつくるためのアクションを重視していた。そのため、Bさんのアクションは、参加者一人ひとりに対してコンタクトする営業担当者を決め、事前に顧客情報を把握しておいて、セミナーの場で全員とパーソナルな会話ができる機会をつくることによって参加者の信頼を得る、というものになった。

AさんとBさん、どちらかが正解というわけではない。もしかすると、両方のアプローチを組み合わせればより効果的かもしれない。だが、思考・行動特性上の強みは人それぞれ違うため、すべてのアクションを同等に行うことは現実的ではない。すなわち、自分の強みを活かしたアクションに重点を置くほうが、より大きなインパクトを生み出せる可能性は高まるのである。

取るべきアクションを考える際には、自分の強みをどのように応用すれば目標達成の確率を高められるか、あるいは、何をすればお客さまにインパクトを感じてもらえるか、と自問自答することが必要である。自分の強みを理解して、それを意識的に活用する方向でアクションを検討するのである。

また、先にスキル・知識だけでは成果が生まれず、思考・行動特性上の強みと組み合わせることが必要と述べた。しかし、どれだけ行動力や判断力や関係構築力を有していても、業務を行ううえでのスキル・知識がなければ成果が生まれないのも事実である。そのため、スキル・知識が不足している場合には、それらの向上に取り組むことも必要なアクションとなる。

価値観と内的動機

思考・行動特性に関する強みが仕事のパフォーマンスに影響を及ぼすことは理解しやすいが、個人の「価値観」が仕事のパフォーマンスと密接に関係することはすぐには理解しづらいかもしれない。しかし、人それぞれ異なる価値観は、その人らしい考え方や行動の仕方を決定する要因となっている。そのため、個人の強みの源泉であると言ってもよいだろう。それは、自分の価値観に合った行動は現れやすく、価値観に合わない行動は現れにくいからである。

価値観

価値観とは、人が何を大切に感じるかを決める基準を指している。「これには価値がある」と感じるのは、それがその人にとって大切だからである。目の前にいくつかの選択肢があったとき、人は自分の価値観に合った選択を重視する。つまり、価値観は選択の基準なのだ。先にプライオリティ設定の際、自身の価値観がインプットとなると述べたが、何を優先度（プライオリティ）の高い課題と捉えるかは、個人の価値観によって異なってくる。

価値観が異なれば、物事の見え方が違ってくる。これは、同じ状況に直面しても、それをどう見るかという観点が異なることを意味する。チームの一体化という意味ではメンバーの価値観がバラバラなのは問題に見えるかもしれない。だが、メンバーの多様な観点があるからこそチームとしての多様性が活き、チーム全体が同じことを考え重要な視点を見失うといったリスクを軽減できるとも言える。もともと人の価値観は多様であり、価値観自体に優劣があるわけではない。違いがあるからこそ、それが強みになるのである。

内的動機

価値観には外発的なものと内発的なものがある。「外発的な価値観」とは、会社や社会からこれが大切だと教え込まれてきた価値観である。たとえば、所属する会社の経営理念や行動指針、評価の基準、社会的な道徳通念などがそれに当たる。組織に属する以上、組織が大切にする価値観を重視すべきことはもちろんである。だが、より重要なのは個人によって異なる「内発的な価値観」である。

内発的な価値観は、生まれつき備わっていたり、成人するまでに形成された深層的な内的動機に起因しているため、環境が変わっても変化しづらい。「内的動機」とは、その人がどのようなときに充実感を感じたり、思わず熱中したりするかという、いわば個々人のモチベーションのスイッチだ。自分の内的動機が満たされているとき、人は最高に意欲的になれるのである。

たとえば、何かを達成したいという欲求に動機付けられる人もいるし、他人からよく思

図表7｜内的動機の例

- 正しくありたい。自分も他者も改善したい。
- 他者から大切にされ、感謝されたい。
- 成功したい。注目され、称賛されたい。
- 自分自身を理解し、特別な存在でありたい。
- より多くの知識を得て、新たな解釈をしたい。
- 不安なく、確信をもって生きていたい。
- 幸せを感じ、楽しい刺激のあることを追求したい。
- 強くありたい。世の中に影響を及ぼしたい。
- 平和でありたい。他者との一体感を得たい。

※エニアグラムに基づく

われたいという欲求に動機付けられる人もいる（図表7）。達成することを動機とする人にとっては、ライバル企業よりも卓越することを優先するだろうし、他人からよく思われたいという動機を持つ人は、お客さまに感謝されることを重視して行動するだろう。それらは、個人の価値観にしたがった選択である。このように、価値観は内的動機に起因しているのである。

強みを可視化するアセスメントツール

　このように、個人の内的動機、価値観、思考・行動特性、さらにその上段のスキル・知識は相互に関連している。実際に仕事をする際には、これらの要素のどれかを切り離して用いることはなく、すべて一体的に発揮される。したがって、広義の強みは、図表5の強みの体系全体を指している。

自分の価値観が認められる環境に置かれると、得意な思考・行動特性が発揮されやすくなる。その結果、その人らしいユニークなアクションが生み出される。また、自分の得意な思考・行動特性をいかんなく発揮できる状況にあると、仕事における充実感が高められる。その結果、自身のモチベーションを向上し、持続することが可能になる。つまり、自分自身が十分に活かされていると感じられる職場では、パフォーマンスが最大限に引き出されるのである。

逆に、自分があまり活かされていないと感じてしまう職場では、その人本来のよさが発揮されず、むしろネガティブな行動が強化されることもある。たとえば、正しくありたいという動機（正義感）の強い人は、うまく活かされていれば理想に基づいた客観的な判断力を発揮するが、そうでない状態のときには他人の粗探しばかりをはじめることにもなりかねない。

そのため、個人のパフォーマンスを向上させるには、本人、マネジャー、および他のチームメンバーが、その人の最高の状態を理解していることが重要となる。しかし、スキル・

知識は理解されやすいが、思考・行動特性以下の水面下の強みはなかなか見えづらい。そこで、それらを可視化する取り組みが必要となる。

パフォーマンスマネジメント変革を実施した企業では、何らかのアセスメントツールを利用して個人の強みを測定し、チーム内で共有している。アセスメントツールには、思考・行動特性の測定にウェイトを置いたものもあれば、価値観と内的動機の測定にウェイトを置いたものもある。また、それらをミックスしたものもある。

本書では個々のアセスメントサービスや手法について言及はしないが、筆者自身はそのようなツールを用いることによって、強みを表現するための共通言語を持つことは必要だと考えている。なお、アセスメントツールは、人にラベルを付けることが目的ではない。その診断結果を糸口として、後に述べるような対話を深めるために活用するためのものである。

4 「リフレクション」と「フィードバック」

会社起点のパフォーマンスマネジメントと個人起点のパフォーマンスマネジメントの違いは、意思決定を行う主体がマネジャーとメンバーのどちらであるかという点にある。言うまでもなく、新たなパフォーマンスマネジメントにおける意思決定の主体はメンバーである。プライオリティとアクションを考え、実行し、その結果を分析して次のプライオリティ設定とアクションにつなげていくのはメンバー本人であり、マネジャーはそのサイクルを支援する役割を担う。

1on1の対話が経験学習をより深める

サイクルを回していくうえでは、結果の振り返りが重要となる。これまでのプロセス重視のパフォーマンスマネジメントにおける振り返りは、事柄《ことがら》が中心だった。たとえば、営業で提案件数が増えないのは、訪問の件数が少なかったから、訪問対象とする顧客の選定が間違っていたからなどといった事実情報が分析されることが多い。こうした分析が不要になるわけではないが、これらは個人の内面ではなく、外側の事柄を見るものである。

一人ひとりが自分のモチベーションを高め、強みを発揮していくためには、自分の内面を見た振り返りがより重要となる。それが「リフレクション（内省）」である。リフレクションにおいては、自分がアクションを実行した結果、どのように感じたかという感情の動きが振り返りの起点になる。

あるアクションを実施して、充実感があった。自分でもよくできたと誇らしく思えた。逆に、もう少しこうすればよかったと後悔した。あるいは、当初の予想と違って驚いた。何となくもやもやして腑に落ちなかった。そういった感情を起点に、なぜそう感じたのか、その原因を探求していくのがリフレクションである。自分を鏡として課題を捉え、自らの行為の中から学んでいくのである。

リフレクションの結果、「気付き」が得られる。すぐに完全な解決策に至らなくとも解決の方向性が見出せれば、次のプライオリティやアクションを考えて試行する中で、より

図表8｜経験学習のサイクル

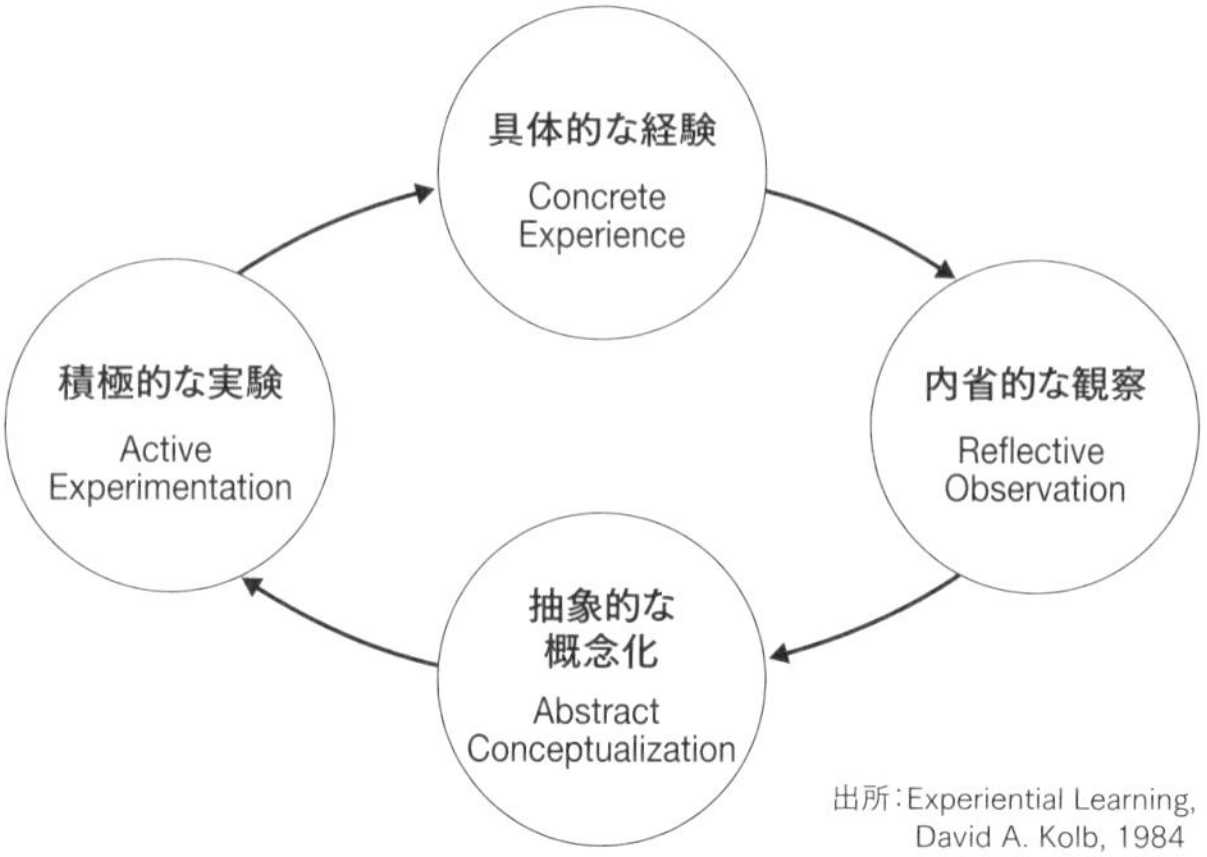

出所：Experiential Learning, David A. Kolb, 1984

よい解決の道筋が見えてくる。それが経験学習のサイクルである（図表8）。新たなパフォーマンスマネジメントにおける1on1の対話は、本人の経験学習をより効果的なものにするための気付きの場なのである。

GEでは、1on1の対話で得られた気付き（インサイト）を、「そのまま続ける（コンティニュー：Continue）」と、「改めて熟考する（コンシダー：Consider）」というシンプルな2つの言葉で表している。どちらにするかを決めるのはメンバー本人であり、マネジャーはその意思決定を支援する。

コンティニューとコンシダーという共通用語が導入されたことによって、個人とチームの関心が未来指向になり、フィードバックがよりポジティブ（肯定的）になったと言われている。[2]

マネジャーの対話力が成否の決め手

これまでのパフォーマンスマネジメントにおけるフィードバックは、問題点や改善点の指摘に重点が置かれがちであった。問題点を改善することによってパフォーマンスを高めるという狙いがあったが、実際のところ、その効果は限定的であり、むしろマイナスの結果をもたらすことが少なくなかったのは第1章で述べたとおりである。

新たなパフォーマンスマネジメントでは、ポジティブフィードバックが重要になる。強みを発揮してインパクトをもたらした事実を認め、褒めることによって、強みの発揮がより強化されるようになる。

ただし、ポジティブフィードバックを適切に行うには、マネジャーがメンバーの仕事をよく観察していることが前提となる。メンバーが自分の仕事を見ていてもらっているという感覚を持てることによって、前向きな意欲を高められるからである。

これは、問題に蓋をして改善点をフィードバックしないという意味ではない。改善点のフィードバックでは、マネジャーの判断で「ここをこう改善しろ」と命じるのではなく、本人が自分で気付くように促すことが重要であるということだ。たとえば、「あのとき、あのような行動をしていたけれども、それについてどう思う？」といった質問をマネジャーが投げかけ、本人に考えさせることが必要なのだ。なぜなら、自分で気付かなければ、改善されないからである。

このようにフィードバックは、リフレクションにおいて本人がよりよい気付きを得られるように、外からのインプットを提供する行為と言える。年次評価の点数によって自分の立ち位置を知るのではなく、マネジャーや他のメンバーからの声を通して、自分が順調に進んでいるかどうかを知ることができるからだ。周囲からのタイムリーなフィードバックがあることによって、リフレクションが深まる。裏返せば、適切なフィードバックがなければ、新たなパフォーマンスマネジメントはうまく機能しないことになる。

実際、2016年に行われたCEB社の調査では、年次評価を廃止した企業においてマネジャーの対話の質が14％低下したという結果が出ている。[3] その主たる原因は、レーティングを止めたことによって、マネジャーが以前にも増してうまくフィードバックできていないことにある。つまり、新たなパフォーマンスマネジメントの成否は、マネジャーの対話力にかかっていると言っても過言ではないのだ。

5 対話が育む「キャリアアスピレーション」

1on1の対話はメンバーの主体性と意欲を高め、気付きを促すものでなければならない。だが、現実として、そのようなことを目的としたコミュニケーションに不慣れなマネジャーは多い。

むしろ、多くのマネジャーが対話よりも議論を得意としている。議論とは、「議論を戦わす」とか、「議論に勝つ」といった表現がなされるように、自分の主張の正当性を相手に納得させるためのコミュニケーションスタイルである。

そして、「あなたの今年の評価はCだ」や「あなたの改善点はここだ」という主張を相手に受け入れさせるのは、まさに議論型のスタイルである。だが、議論型では新たなパフォーマンスマネジメントにおける1on1の対話はうまくいかない。議論型では、メンバーの主体性や意欲が高まらないからだ。

相手を理解することからはじめる

対話の出発点は、自分ではなく相手にある。相手の考えや気持ちを理解したうえで、それを前提にフィードバックを行うのが対話である。英語のカンバセーション(conversation)の語源はラテン語で「一緒にいる」という関係性を意味するそうだが、関係性とは単に仲がよいとか、好きといったことではなく、相互に理解して尊重する状態を意味する。

そのような状態をつくるためには、まずマネジャーがメンバーを理解することからはじめる必要がある。自分は理解され、承認されていると感じられるからこそ、メンバーはフィードバックを自然に受け入れられるようになるのだ。

だが、メンバーのことを理解しているつもりでも、実はわかっていないマネジャーは少なくない。業務上の会話を通じて、メンバーの仕事の内容やスキル・知識のレベルについては把握していたとしても、メンバーがどういう人なのかをよく理解していないのである。

メンバーがどういう人なのかというのは、その人がどのような価値観や内的動機を有しているかということを意味する。

その人が何を大切にし、どのようなことに対して意欲を高める人なのかを理解することが重要なのだ。それは仕事において何を大切にしているかというだけに限定されず、プライベートも含めてどのようなライフスタイルを大切にしているかといったワークライフバランスに関する価値観にも及ぶ。なぜならば、ライフ全体を考えなければ、将来のキャリアビジョンは描けないからである。

「自分は将来、どのように活躍したいのか」というキャリアアスピレーションは、その人の内発的な価値観や動機から発するものだ。したがって、マネジャーはメンバーの内面を理解することではじめて、プライオリティの達成に向けてメンバーの主体性と意欲を引き出すと同時に、将来のキャリアビジョンの実現を支援できるようになる。

マネジャーのコミュニケーション力を高める

メンバーを理解する際、問題となることがある。それは、マネジャーのコミュニケーションスキル不足だ。

通常、アセスメントツールによる診断結果だけでは、メンバーを十分に理解することはできない。マネジャー本人が、メンバーとの対話を通じてメンバーの価値観や動機を実感として把握しなければ、メンバーを本当に理解したとは言えない。対話によって「この人はそういうことを大切にしていたのか」と、マネジャーが気付くことが重要なのである。だが、診断結果の文字を読んだだけでは、深い理解には至らない。

なぜならば、個人の価値観や動機は内面に隠れていて、言葉で明確に表現されることがないからだ。つまり、コミュニケーションを通じて探究していかなければならないのである。具体的に言えば、マネジャーはメンバーに関心を持ち、質問を投げかけ、返答を傾聴し、また質問を投げかけて傾聴するというサイクルを繰り返しながら、メンバーの大切にしている価値観や内的動機を推論するのである。それによってはじめて、マネジャーはメンバーの価値観や動機に気付くことができる。

パフォーマンスマネジメント変革を行った企業では、新制度の導入時にマネジャーに対する研修やワークショップなどを実施して、マネジャーのコミュニケーション力を高めようとすることが多い。特に新たなパフォーマンスマネジメントでは、１on１の対話を効果的に成立させることが肝となるため、ロールプレイングなどによる対話の練習が実施されている。これは、マネジャーのコミュニケーションスタイルが変わらなければ、どれだけ頻繁に1on1の対話を行っても、これまでの業務レビューと変わりのないものになってしまうからである。

マネジャーからメンバーに対して投げかける質問例

1on1の対話において、マネジャーからメンバーに対して投げかける質問に関して、以下にいくつかの例を挙げておこう。

強み・価値観を理解するための質問

- どのような仕事をしているときに好調と感じますか?
- 人からよく褒められるのはどういうところですか?
- 日常生活の中で自然に心がけているのは、どのようなことですか?
- 仕事でストレスを感じるのはどういうときですか?

キャリアビジョンを引き出すための質問

- 3～5年後に、どのような活躍をしていたいですか？
- 昇進や報酬以外に、仕事で目指しているものは何ですか？
- これから先、どういう分野に注力していきたいと思っていますか？
- いろいろな制約をいったん忘れると、どうなることができれば幸せだと思いますか？

強みの発揮を促す質問

- 今よりもっと充実感を得られるようになるためのチャレンジは何でしょうか？
- 仕事のフィールドをさらに広げるために、あなたの強みをどのように活用すればよいでしょうか？
- お客さまにさらなるインパクトを感じてもらうために、あなたの強みをどのように活用しますか？
- あなたの強みを用いて、他のメンバーに貢献できることには何があるでしょうか？

振り返りを促す質問

- 最近、仕事で充実感や達成感があったのはどういうときですか？
- 自分の強みが活用できたと感じられた仕事は何ですか？
- 最近、仕事を通じて気付いたことや学んだことはありますか？
- その仕事をもっとうまくやるために、何が必要だと思いますか？

これらの質問に対して、メンバーからすぐに明確な回答が戻ってくることはどちらかというと稀であろう。メンバー自身も、自分で自分のことがよくわからないのが普通のことだからだ。１on１の対話では、マネジャーとの対話によって、本人の考えが整理されていくことが重要なのである。そこに、マネジャーの存在意義がある。

対話では、マネジャーが答えを導こうとするのではなく、メンバーを深く理解しようとする姿勢が大切である。マネジャーが相手を理解しようと質問することによって、メンバー自身の考えが整理されていくのだ。さらに対話の中で、「あのとき、こういう行動をしたよね」といったフィードバックを加えることによって、メンバーの思考が刺激され、リフレクションがより深まっていくことになる。

新たなパフォーマンスマネジメントの要諦は、レーティングを止めることや、ただ頻繁に面談を行うことにあるのではない。日常的な職場の中に、メンバーの成長を促して成果を高めるピープルマネジメントを定着させることにある。

年次評価を止めたからピープルマネジメントが必要になるのではなく、ピープルマネジメントを組織に埋め込むために年次評価を止める必要があると考えたほうがいいのだ。

6 チームエンゲージメント

これまでも繰り返し述べてきたが、新たなパフォーマンスマネジメントは、個人のパフォーマンスを高めるだけでなく、チーム全体のパフォーマンス向上も狙いとしている。そのために、個人のランク付けを廃止してメンバーの心理的安全を高め、メンバーが安心して発言できる状況をつくる。そして、個々のメンバーの強みを全員が理解することによって、相互に尊重しあう関係性を構築する。そのうえで、個々人のプライオリティをチーム

図表9｜コラボレーションの促進

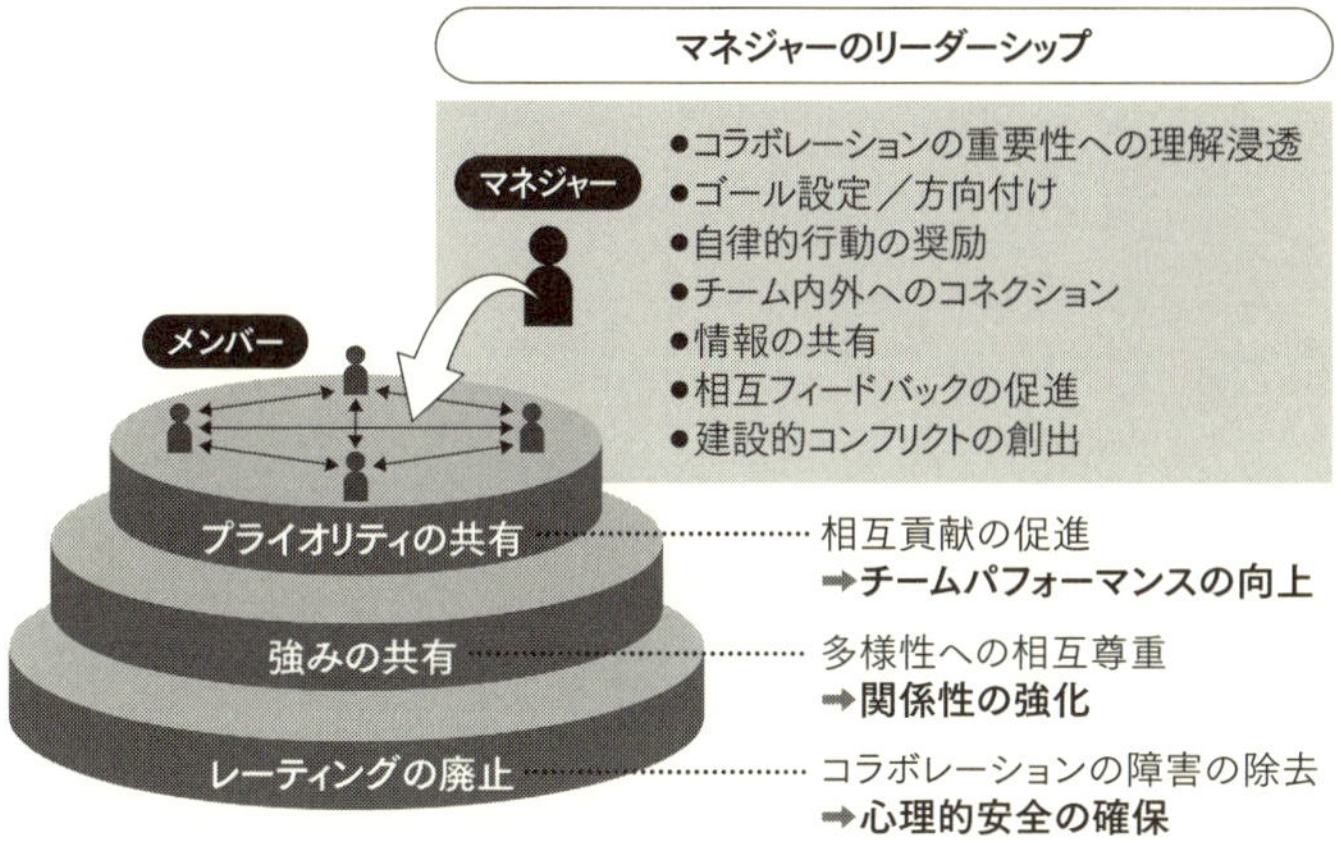

内で共有して、メンバー間の相互貢献によるチームパフォーマンスの向上を促すのである。

その際にマネジャーが果たすべき役割は、当然のことながら大きい。マネジャーは、これまでのようにチームの目標を各人に割り振って結果を管理するのではなく、チーム内外を含めたコラボレーションが促進されるようにリーダーシップを発揮しなければならない（図表9）。そのためには、1on1の対話を通じてメンバー個々人のエンゲージメントを高めるだけではなく、チームエンゲージメント（チームとしての結びつきの強さ）の向上のために行動する必要がある。

チームエンゲージメントを高め、コラボレーションを促進するために、マネジャーとして求められる行動を以下に整理しておこう。

❶コラボレーションの重要性を理解させる

個人として成果を上げるだけではなく、相互貢献を通じて成果を上げなければチームとしての業績が向上しないという認識をチーム内に浸透させることが重要である。そのためにマネジャーは、個々のメンバーに、チームプレーヤーであることが求められていることを明確に示さなければならない。また、マネジャー自身も、コラボレーションが進展しやすい環境づくりに努める必要がある。

一方、他者に対する貢献に対しては、それを称賛するポジティブなフィードバックを、他者貢献が少ないメンバーに対しては改善を促すフィードバックを提供する。

❷ゴール設定と方向付け

チームメンバーどうしがコラボレーションを行うためには、チームとしてどちらに向かっているのかを示す明確なゴールや方向付けが必要である。特に、専門性を持ったメンバーが連携しながら仕事を進めるネットワーク型の組織が機能するには、共通の方向性が理解されていなければならない。そのためには、マネジャーのプライオリティをチーム内で共有し、リアルタイムで方向性を伝えることが必要とされる。

しかし、短期的なプライオリティだけでは不十分である。マネジャーは先を見たチームの構想を持ち、それを語らなければならない。したがって、マネジャーには現場における日常的な個別業務の判断よりも、戦略的な意思決定に知恵を絞ることが求められる。

❸自律的行動の奨励

メンバー間の相互貢献を活性化させるには、個々人が上からの指示を待つのではなく、自律的に判断し、行動できることが不可欠である。自分から相手に貢献しようと自発的に動かなければ、相互貢献は進まないからだ。

メンバーの自律性が高められるというのは、権限委譲がなされるということでもある。原則としては、前述したように、マネジャーはより戦略的な方向性の検討に時間を使うべきであり、メンバーの一挙手一投足を管理するようなマイクロマネジメントは避けるべきである。ただし、メンバーの経験やスキルレベルに応じて、権限委譲の範囲や支援の度合いを変える必要があることは言うまでもない。

❹チーム内外へのコネクション

メンバーのネットワークが限定されている場合には、マネジャーがチーム内外の他のメンバーとの結びつきをつくる手助けをする必要がある。特に、メンバーをチーム外のネットワークへとつなげるためには、マネジャー自身が他部門や外部パートナーと、上位レベルでのネットワークを有していることが不可欠となる。

マネジャーは自分のチームに不足しているスキルや経験を理解するとともに、自ら積極的にネットワーク開発を行っていかなければならない。

❺情報の共有

情報の共有と聞くと、昔ながらの古いテーマのように感じられるかもしれないが、過去と比較してより徹底した情報共有が必要とされるようになっている。一部の有益な情報を共有すればよいというのではなく、マネジャーはあらゆる情報をチーム内で共有する必要がある（もちろん、共有できない個人情報などは除く）。

もし、メンバー間の情報共有度合いに多寡があるようならば、そこには目に見えない壁が存在することを示している。この目に見えない壁は、相互貢献の阻害要因になりえるものだ。したがって、マネジャーは、1on1の対話を通じて特定のメンバーだけに情報を伝えるのではなく、必要な情報を常にチーム全体にいきわたらせることを意識しなければならない。

❻相互フィードバックの促進

メンバー間の相互フィードバックを重視する企業はこれまでにも存在した。しかし、マネジャーから本人へのフィードバックがメインで、メンバー間のフィードバックはどちらかというとあったほうがよいという程度のように考えられる傾向にあった。しかしこれからは、周囲からのフィードバックがむしろメインで、マネジャーからのフィードバックはその中の1つといった捉え方をすべきである。

メンバーの気付きを促すためのマネジャーからのフィードバックの重要性については先に述べたが、同じように個々のメンバーにも他のメンバーのリフレクションを支援するフィードバックが求められる。そのためには、マネジャーだけでなく、各メンバーもフィードバックのスキルを高めていく必要がある。

❼建設的コンフリクトの創出

メンバーどうしが自律的にかかわりを持つだけではなく、さらに相乗効果を高めるためには、マネジャーからの積極的な働きかけが重要になる。

一般的に、異なる考えを持つ複数のメンバーが1つの課題に取り組めば、そこに見解の違いが現れる。だが、そのコンフリクトを乗り越えることによって、より創造的な解決策が見出される可能性が高まる。そのためにマネジャーは、建設的なコンフリクトが生じる状況を意図的につくりだしていく必要がある。

ここで言うコンフリクトとは人間関係の対立ではなく、仕事における考え方の相違を意味するものである。たとえば、複数のメンバーに対してあえて困難な課題を与えて、共同でその解決に取り組ませるといった仕掛けのことである。建設的なコンフリクトを創出するために、マネジャーにはこうした仕掛けを行っていくことが求められる。

7 サポートツールの活用

1on1の対話の内容は、データとして記録され、後から振り返ることができる状態にしておくことが必要である。年度末にサマリーシートを作成したり、タレントレビューのための準備をしたりする際には、期中での具体的な対話の記録が必要になる。

しかし、これまでの評価シートのような情報を対話のたびに記録していては、ペーパーワークがますます増えてしまう。それでは、評価業務を簡素化するというパフォーマンスマネジメント変革の狙いに、むしろ逆行することになりかねない。

そこでパフォーマンスマネジメント変革を実施した企業では、スマートフォンなどを用いて簡易に1on1の対話の内容を記録できるサポートツールを開発している。GEでは、PD@GEという名称のアプリケーションを社内開発して活用しているが、このツールでは文字入力だけでなく、音声、添付資料、ホワイトボードの写真など、さまざまな形態で記録が簡単に残せるようになっている。[2]

サポートツールはコラボレーションのツールでもある

サポートツールの目的は、対話の内容を記録するだけに留まらない。それと同等以上に重要なのは、それがコラボレーションのツールであるということだ。

実際、先に述べたようなプライオリティの共有や相互フィードバックは、現実的にはコラボレーションツールとしても機能するサポートツールがないと難しい。時間と場所の制約を越え、N対Nのコミュニケーションを可能にするには、ウェブを活用したコミュニケーションツールが不可欠なのである。

これらのサポートツールの内容は企業によって異なるし、まだ発展途上ではあるが、概ね**図表10**のような機能を備えている。

メンバーは、自分の設定したプライオリティ（アクションを含む）や、1on1の対話で話し合った今後のプライオリティ（気付きに基づくアクションを含む）をツールに登録する。登録されたプライオリティはマネジャーを含むチームメンバーにも共有されるので、

図表10｜サポートツールのイメージ

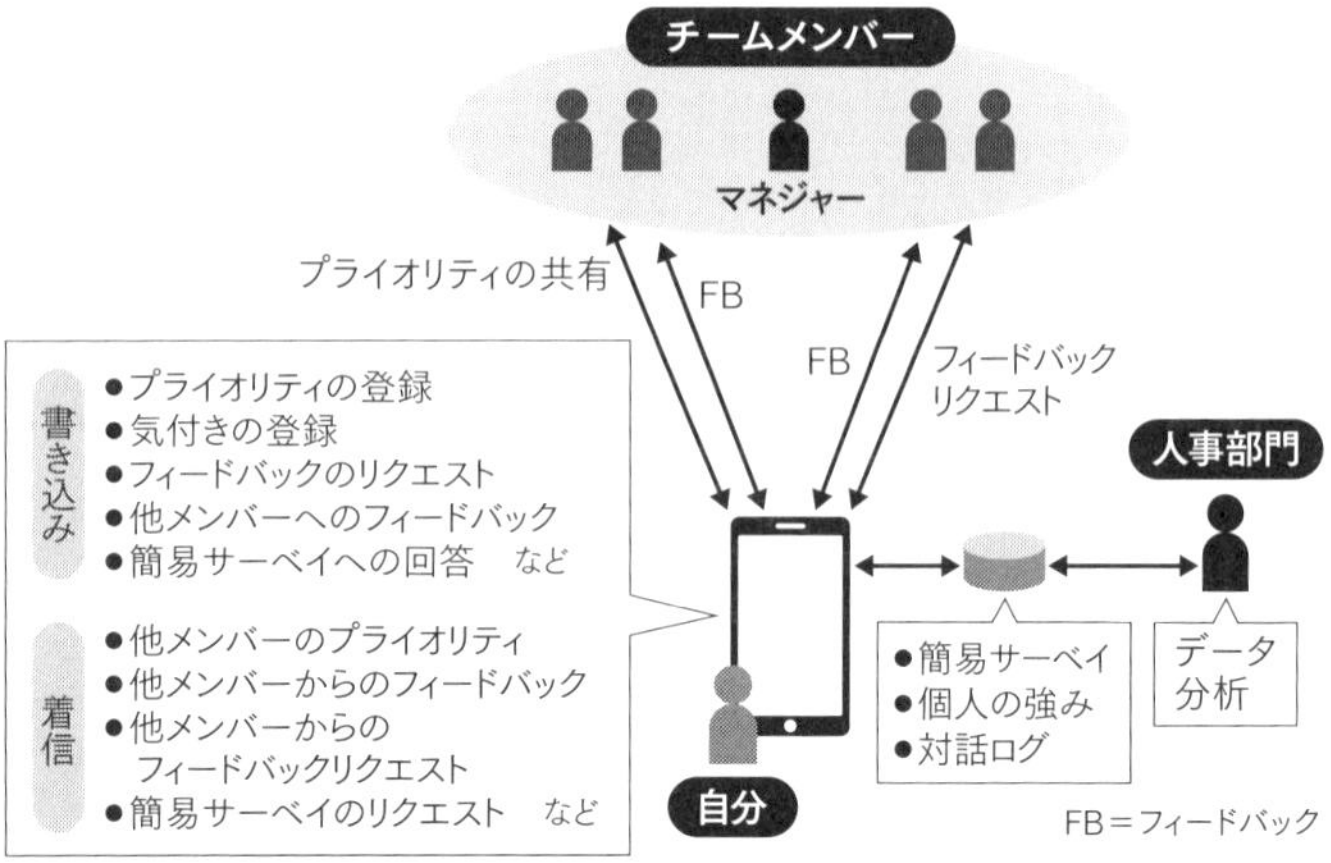

プライオリティに対するコメントがフィードバックされる。

当然、自分自身の気付きも記録する。また、他のメンバーに、自分へのフィードバックをリクエストすることもできる。たとえば、「今日のプレゼンテーションの感想を教えてほしい」といったリクエストを投稿すれば、他のメンバーはそれに対してコメントなどを送ることができる。

このように、このサポートツールはただの備忘録ではない。チーム内におけるSNS（ソーシャル・ネットワーキング・サービス）であり、パフォーマンスマネジメントをテーマとしたコミュニケーションの場でもある。

しかも、SNSに投稿するような感覚でコ

メントを書き込むことができるので、それをきっかけとして、チーム内のコミュニケーションを起こすことが可能となる。一人ひとりが他のメンバーに対して貢献しようとする意識で投稿することによって、相互フィードバックは活性化するのだ。

スマートフォンといったモバイルデバイスの特性を活かせば、サポートツールにＳＮＳ以外の機能を付加していくことも可能だ。

簡易サーベイ

特に、簡易サーベイ機能はスマートフォン向きである。十数問程度のサーベイであればスマートフォンでも負荷なく回答できるため、頻繁に行うことができる。

エンゲージメントサーベイ

簡易なエンゲージメントサーベイを組み込めば、チームの状態を定点観測することが可能になる。たとえば、「この職場では自分の持てる力を存分に発揮できている」というように個人のエンゲージメントについて質問することも、「職場で自分が思ったことや感じたことを気兼ねなく話せる」というように心理的安全度について質問することでチームの状況を知ることもできる。

エンゲージメントサーベイを実施すれば、チームごとの課題も容易に把握することができるようになるだろう。また、新たなパフォーマンスマネジメントの導入後に定期的に行うことで、効果測定にも活用できるようになる。

アップワードフィードバック

メンバーからマネジャーに対するアップワードフィードバック（上位方向へのフィードバック）を組み込むことで、マネジャーへの定量的なフィードバックが可能になる。アップワードフィードバックは、新たなパフォーマンスマネジメントにおいてマネジャーに求められる行動を定着させていくうえでも効果がある。

グーグルではアップワードフィードバックにおいて、「上司は私が成績を上げるための実行可能なフィードバックをくれる」「上司はマイクロマネジメントをしない」といった質問を行っているが、これらの質問項目自体がマネジャーにとって、自分の行動を確認するためのチェックリストになっていると言われている。[4]

強みの共有

ツールに各メンバーを登録する際に、一人ひとりの強みの情報（アセスメントの結果など）を登録しておけば、各人の強みをチーム内で共有することができる。それによって、他のメンバーにフィードバックするに当たり、「あなたの強みを活かしてこんなこともできるのでは？」といったアイデアを加えることもできる。

また、他チームのメンバーとコラボレーションする際に、その人がどのような強みを持った人かをあらかじめ知ったうえでコミュニケーションを取ることができるし、相手も自分の強みを理解したうえで接してくれるようになる。このように相互理解がベースにあると、日常の職場におけるコミュニケーションも活性化しやすくなる。

人事部門におけるデータ分析

定量・定性データが蓄積されてくると、人事部門においてさまざまなデータ分析が可能になる。たとえば、問題や不満を抱えているチームや人を把握することができるようになる。そうなれば、人事部門から個別のコンサルテーションを行えるようになるし、好業績チームの特性や優れたマネジャーの特性を分析することもできるようになるであろう。また、先に述べたように新たなパフォーマンスマネジメントの定着度や効果測定なども全社的に把握できるようになる。

基本原則のところでも述べたように、新たなパフォーマンスマネジメントは従来の基本的な考え方、たとえば「会社起点」や「競争促進」などを180度転換するものである。おそらく経営層の中には、従来の考え方を支持する人々も少なくないであろう。

そのような中で変革を進めていくには、哲学的な議論だけでなく、データに基づく検証が重要になる。これまで、どちらかというと抽象的、感覚的になりがちであった人事の意思決定において、データ分析は今後ますます重視されるようになるに違いない。

第3章

日本企業における課題

1 過去からの経緯

日本企業におけるパフォーマンスマネジメントの現状について考える際、過去から今日に至る評価制度の変遷を振り返ることが重要となる。なぜならば、評価制度は時代の要請、つまり企業が置かれた環境によって変化するものだからである。

日本企業には評価制度がなかった

戦後の日本企業には評価制度は存在しなかった。それは、年功序列が基本であったからである。新卒で企業に就職し、年齢が上がるに応じて昇給、昇格していくのが年功主義だ。年功主義では年齢によって処遇が一律的に決まるので、わざわざ評価を行って差をつける必要がなかったのだ。

年功主義が機能した背景には、右肩上がりの経済成長と人口の増加があった。若い社員がどんどん入社して組織がピラミッド型に拡大し、それに応じて事業規模も拡大するという拡大再生産が成立していたからだ。ピラミッド型の組織では、多数を占める若い層の人件費を安く抑えられる年功主義は合理的でもあった。

また、成功したビジネスモデルは、今日と比べてずっと長持ちした。そのような環境の下では、経験年数に比例してリーダーとしての習熟度が高まる。つまり、リーダーよりも経験の少ない社員がより多くを占める組織構造に、年功主義はうまくマッチしていたと言えるのである。

とはいえ、単に年を取れば給料も役職も高くなるというだけでは成長を動機付けにくい。また、昇給、昇進に多少の差をつけたほうが緊張感も高まる。これらの理由が右肩上がりの成長の鈍化とも相まって、必然的に職能資格制度が導入され、実力主義が謳われはじめた。この制度は、職能資格ごとに定義された能力基準によって評価を行うものだからだ。

しかし、能力評価はどちらかというと定性的なものである。しかも、そもそも経験を積めば職務遂行能力も高まるという年功主義的な考え方がベースにあったことから、大部分の社員にはたいして差がつかなかった。

図表11｜戦後5年ごとの生産年齢人口と実質GDP伸び率の変化

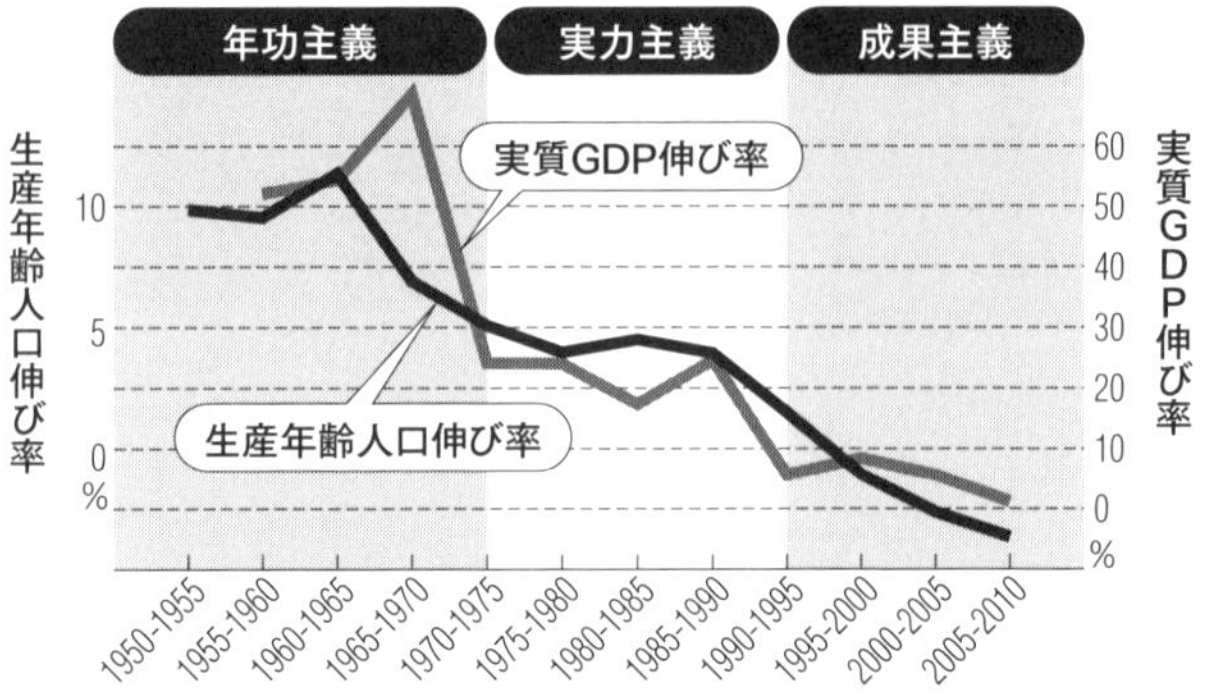

出所：「日本の統計」（総務省統計局・統計研修所）、国民経済計算（内閣府）
実質GDPについては1995年以前の数値は平成2年基準、2000年以降の数値は平成12年基準を使用。

図表11を見ればわかるように、実力主義が謳われた1970年代から80年代は、60年代以前のような急激な人口増加と経済成長が落ち着いて低成長の時代に入ったものの、生産年齢人口は依然として増加していたし、経済成長もそれなりに安定していた。そのため、評価制度のラディカルな変革は求められていなかったのである。

外部環境の変化がもたらした成果主義

1985年のプラザ合意以降の円高で輸出関連企業の収益は圧迫されたが、80年代後半からのバブル経済で国内景気は持ちこたえた。

大きな変化が生じたのは、90年代前半のバブル崩壊以降である。１９９０年から95年にかけて、実質ＧＤＰの伸び率は大きく低下している。また、１９９５年から２０００年にかけて生産年齢人口の伸び率はマイナスに転じた。

時を同じくして、グローバル経済が急速に進展する。資本が国境を越えて動き回るようになり、会計基準や金融のルールもグローバルスタンダードに収斂していく中で、あらゆる業界の企業がグローバル競争の荒波をかぶることとなった。その際に日本企業にとって大きな足かせとなったのが、年功主義に起因する高固定費構造である。

１９６０年代にはきれいなピラミッド型であった日本の人口構成も、90年代にはズンドウ型となり、それ以降は逆ピラミッド型（逆台形型）へと変貌していった。こうした状況では、もはやピラミッド型を前提とした人件費構造を維持することはできない。そこで導入されたのが成果主義だ。つまり、人材マネジメント上の要請というよりも、どちらかというと財務マネジメント上の必要性から成果主義が求められたのである。

ところが、成果主義の導入時の説明では人件費削減ではなく、成果に応じて処遇するのが公平な人事であるという論理が用いられた。当時、公平性を重視するアメリカ企業では厳格なレーティングシステムが用いられていたことから、日本もそうすべきだとして輸入されたのである。これが、今日の日本企業における評価制度の原型となった。早い企業で1990年代の前半から導入された成果主義は、90年代後半になると、多くの企業が採用するまでになった。

その後、過度な業績重視の成果主義の弊害が目立ちはじめたこともあり、2000年代前半頃から人材開発要素を強化するようなファインチューニングが繰り返された。それらの改良によって、確かに成果主義は日本企業に浸透していったが、次節で述べるように、パフォーマンスマネジメントの成果が出ているかというと疑問点が多い。

いずれにしても、日本における労働人口が今後も減少していくことはわかっているし、組織の形がさらに逆台形型に向かっていくのも明らかである。そのような環境において、今までのやり方を改善しているだけでは、大きなパフォーマンス向上は難しいであろう。

2 パフォーマンスマネジメントの現状

筆者はコンサルティングや研修などの仕事を通じて、多数の日本企業のパフォーマンスマネジメントの実態に触れてきた。明確な統計があるわけではないが、パフォーマンスマネジメントに問題を抱えていない企業は皆無と言っても過言ではないように感じている。ここでは、目標管理・評価制度に関する現状の問題点を3点ほど指摘しよう。

❶形骸化

目標管理・評価制度に込められた理念や狙いと反して、その実態は形骸化している。パフォーマンスマネジメントの実践の場は、マネジャーとメンバーとの面談にあると言えるが、その目標管理の面談が軽視されていることが少なくない。

実際のところ、面談自体を実施しないマネジャーが多数いるような企業も見られるし、面談が行われていても短時間で形式的に済まされていることも多い。そのようなマネジャーは、日常の仕事のほうが目標管理の面談よりも優先するという意識が強く、評価シートを作成したり面談を行ったりすることは、あまり価値のない管理作業と捉えている。

また、マネジャーによる評価が全体的に上振れしている企業もある。一次評価は絶対評価で行われることが多いが、マネジャーが評価者に配慮して高い評価点を付ける傾向がある。これは、悪い評価をつけてメンバーの意欲を削いでしまうことへの不安や、よく働いてくれるメンバーを囲い込みたいといった意識があるからだろう。場合によっては社員の過半数がA評価といったケースもあるが、これではそもそも評価制度が存在する意味がなくなってしまうし、率直なフィードバックも行われなくなってしまう。

しかも、そのような企業では、評価結果と給与査定の結果が大きく異なるケースが多発する。なぜならば、給与原資は決まっているため、給与査定は相対評価で行われることになるからだ。評価はAだったのに、給与査定はCレベル（実際の給与額を見ればわかる）というのでは、評価に対する納得感などなくなってしまう。ひいては評価制度自体の信頼性が失われることになる。

❷業績偏重

前節で成果主義は財務マネジメント上の要請によって導入されたと説明したが、導入後は業績管理のシステムとして活用されはじめた。

なかには評価制度に人材開発の要素を加えずに、業績評価中心で運営し続けている企業もある。特にトップダウン色が強く、短期的業績に対するこだわりが強い企業ほどその傾向が見られる。そうした企業では、評価制度は人事制度の中に位置付けられてはいるものの、どちらかというと会社業績・部門業績・個人業績を管理する経営管理システムの一部という色彩が濃くなっている。

当然ながら年次の目標設定の面談も、部門の目標を個人にブレークダウンする場となる。そこでは、メンバーの動機付けや成長について話し合うのではなく、高い目標を納得させるための議論に大半の時間が使われる。あるいはそのような議論もなく、上から目標を押し付けている場合もある。マネジャーの役割も、メンバーに対していかに高い目標にコミットさせるかとなる。

このように、目標設定が業績中心になると、評価面談もまた業績中心になる。面談時間の多くは、なぜその評価結果なのかという理由の説明と、それに対するメンバーの合意形成に使われることになる。今後の課題についての話し合いも、改善点の指摘が大部分を占めることになる。

なお、筆者は業績貢献によって報酬を決定することを問題視しているのではない。業績管理のために評価制度を利用し、個人をランク付けすることで、業績目標の達成に向けて動機付けようとするシステムを問題視していることに注意してほしい。

❸複雑化

業績評価に偏重すると、社員の人材開発が置き去りにされ、長い目で見ると業績向上につながらないのではないか。こういった考えから人材開発要素を取り入れた評価制度を構築した企業の中には、制度をむやみに複雑化させてしまう企業が少なからず存在する。

評価制度に、業績だけでなくコンピテンシーや会社が重視するバリューなどの要素を組み込むと、評価項目が多岐にわたる。そこに、評価の精度を高めるために、ラインマネジャーコースとスペシャリストコースとで評価の基準を変えたり、職種によって業績とそれ以外との評価ウェイトを変えたりすると、評価制度そのものが複雑になり、わかりにくいものになってしまうのだ。

それでも現場でうまく運用できればよいが、現実としては評価者のほうがなかなか追いつけない。たとえば、人材開発力といったようなコンピテンシーを定義し、その習熟度によってレベルを評価するという制度で考えてみよう。おそらく、この制度ではレベルごとの評価基準をどれだけ詳しく定義しても、評価には主観的な要素が入り込んでしまう。また、評価基準を詳しく定義すればするほど理解が難しくなり、結果として現場での運用が困難になってしまうのだ。

人材開発を重視するという狙いから、自己申告やキャリア面談などのキャリア系の制度導入も図られているが、残念ながら、マネジャーにはその趣旨や目標管理面談との違いが十分に理解されていないことが少なくない。そのせいで、結局のところ、それぞれの面談で同じような話がなされているというケースもある。これでは、マネジャーにとっても、メンバーにとっても、面談の回数が増えただけという印象が強くなり、それが制度の形骸化の要因にもなりうる。

以上、現状のパフォーマンスマネジメントに関する問題点を3点に要約して述べたが、これら以外の問題点も多数、存在するであろう。それらをすべて羅列することはしないが、とにかく多くの日本企業において、パフォーマンスマネジメントが十分に機能しているとは言い難いのは事実である。

その結果、おそらく評価エラーが多発していることは容易に想像できる。個々人の成長に向けての意欲が高められず、それぞれの強みが十分に引き出されず、コラボレーションも働きづらくなっているかもしれない。それによって、個人と組織のパフォーマンスが双方ともに抑圧されている可能性が高い。

3 根本的な問題

多くの日本企業がパフォーマンスマネジメントの制度面に問題を抱えているが、それらの問題を解決するためには、なぜそのような状況が生まれたのかという根本的な原因につ

図表12｜バランストスコアカード

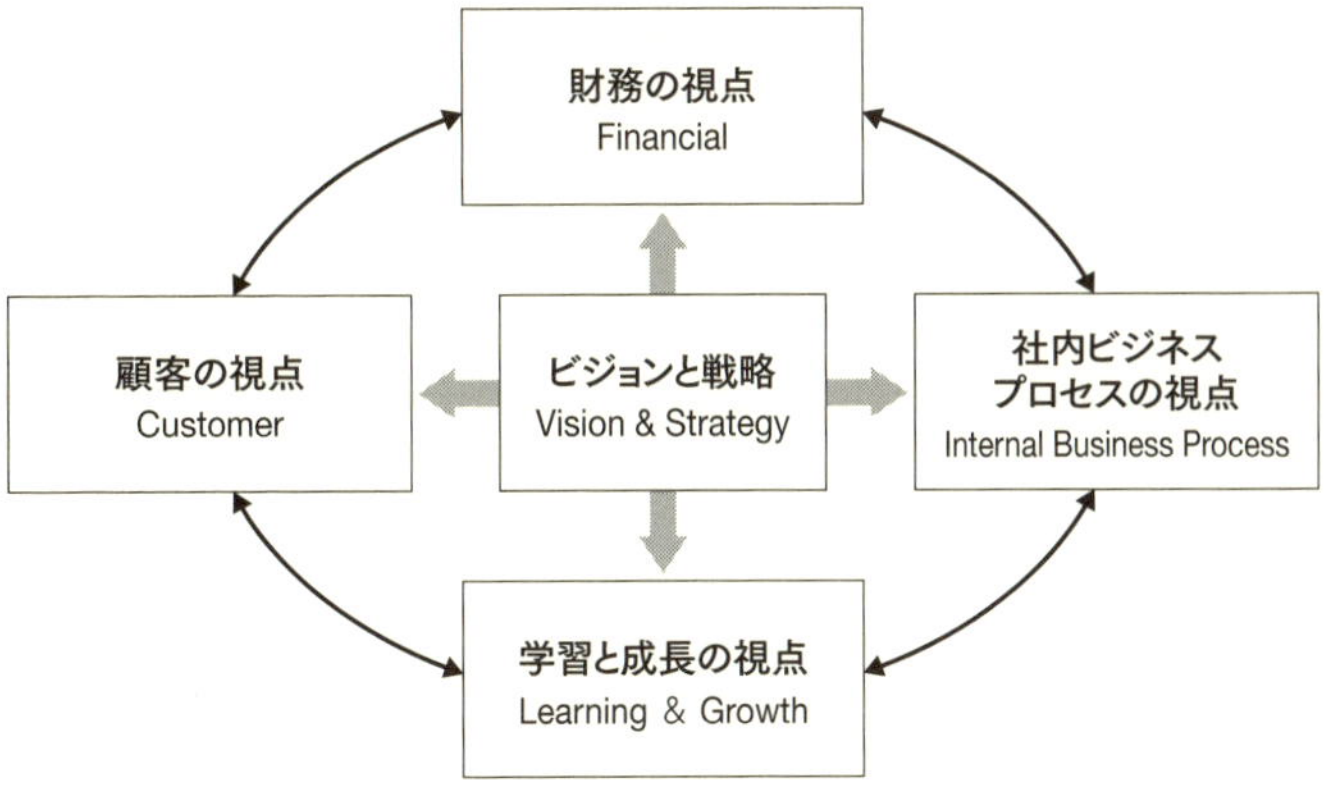

出所：Kaplan and Norton, 1992

いて考える必要がある。

言うまでもなく、単純に成果主義が諸悪の根源というわけではない。ビジネスにおいて成果を重視するのは当然のことであるし、成果主義が導入されるずっと以前から、強い企業の現場では成果が重視されてきた。しかし、「成果」の捉え方が異なっていたのではないかと思う。

「成果」の捉え方

1990年代の前半頃に、アメリカで「バランストスコアカード」というフレームワークが提唱された（図表12）。バランストスコアカードとは、パフォーマンスマネジメントにおいては、財務的な成果に偏重するのではなく、顧客の視点、社内ビジネスプロセスの視点、学習と成長の視点をバランスよくマネジメントすることが必要であるというコンセプトだ。

このフレームワークは日本でも90年代の半ば以降、しばしば紹介されてポピュラーなものとなったが、筆者がはじめてバランストスコアカードを見たときは、よく整理されているが、そんなことは当たり前ではないかと思ったのを覚えている。おそらく、多くの日本人の経営者やマネジャーも同じ感想を抱いたのではないかと思う。優れた日本企業は無意識であれ、ずっと同じことをしてきたからだ。

マネジャーの弱体化

過去の日本企業におけるマネジャーも成果を重視してきた。しかし、その成果は財務的な結果だけではなく、顧客に対するインパクトや業務プロセスの改善、メンバーの学習と成長をすべて包含したうえでの「成果」であった。

マネジャーは自分に任されたチームにおいて、バランストスコアカードの4つの視点を持ちながら、優先度（プライオリティ）を決め、メンバーを動機付け、成長を促しながら成果を出してきた。

さらに、コラボレーションは日本企業の得意分野でもあった。相互に連携しながら、チームの成果を高めていくことは、個人主義の強い欧米企業にはなかなか真似することができない。それを可能にしたのが現場のマネジャーだった。

筆者は1980年代の半ばから、コンサルティングの仕事を通じて多数の企業のマネジャーたちと一緒に仕事をしてきた。その経験から、90年代後半から2000年を境にして、それ以前のマネジャーと以降のマネジャーには大きな違いが存在すると感じている。あくまでも筆者の印象ではあるが、かつてのマネジャーたちには、いわゆるオーラがあった。彼らは非常に活動的であり、自分の意見やアイデアを持ち、自分の権限外のことであっても、上司や他部門を動かして仕事を切り拓いていった。メンバーともよく話し、互いに信頼関係を構築し、そのうえで重要な仕事を任せ、仕事を通じて成長させることを重視していた。

1990年代半ば頃まで、日本企業において外部のコンサルタントを雇うことは今日ほど一般的ではなかったため、そのようなプロジェクトに配属されるマネジャーは社内でも幹部候補と見なされる人たちだった。そのため、筆者が密にお付き合いしたマネジャーたちは特別であったのかもしれない。

また、当時の社員構成は、現在のような逆台形型ではなかったので、昇進のスピードも速かった。当時、プロジェクトリーダーを任されていたマネジャーの多くは30代後半くらいだったと記憶している。つまり、若いうちからマネジメントや大きな仕事を任される機会が豊富にあったのだ。ビジネスの変化も今ほど激しくなかったので、メンバーとの話し合いに割く時間の余裕があったことも事実であろう。

しかし、それらの点を割り引いても、やはり当時のマネジャーの輝き方は、２０００年以降のマネジャーとは違うと感じてしまう（もちろん、２０００年以降でも優れたマネジャーがたくさん存在することは言うまでもない）。

プロセス管理の弊害

成果主義のもたらした最大の問題は、現場におけるマネジャーの力が削がれてしまったことにあると筆者は考えている。

短期的に財務的成果を高めるには、権限を上位に集中したほうが効率的である。現場に大きな裁量権を持たせるよりも、全社業績を高めるための標準的なプロセスを確立し、そのプロセスにしたがって現場を動かすほうが、会社全体としてはコントロールしやすいからだ。

そうなると現場のマネジャーの役割は、全社の目標や方針を自分のチームに実行させるだけの中継役ということになり、プロセス管理が中心となる（あえて、マネジメントという表現は使わない）。具体的に言えば、自分のチームに与えられた目標を達成するためのタスクをメンバーに割り当てる、進捗状況を測るための指標を管理する、メンバーにタスクを遂行するスキルが不足していれば学習させるなどだ。そして、それをいわゆるＰＤＣＡ（Plan・Do・Check・Action）で管理することも役割となる。さらに、ただ管理するだけでなく、自分自身もプレイングマネジャーとして活動することになる。だが、プロセス管理では、次の２つの弊害がある。

❶成長意欲の阻害

メンバーからすると、目標は外発的に与えられるものになる。その結果、自分で考えて行動するという自律性や、これは自分の仕事だとエンゲージメントを持って取り組む主体性が薄れ、意欲も十分に高まらない。日々の仕事を続けた先にどうなるのかというキャリアビジョンも見えにくくなる。

また、マネジャーの大変そうな姿を見て、管理職にはなりたくないと感じる若手社員が増え、キャリア意識が低下することで成長に向けての継続的な動機付けも弱まってしまう。

❷生産性向上の限界

プロセス管理の弊害は、メンバーの成長意欲を阻害するだけではない。もともと業績を高めるために導入されたシステムであるにもかかわらず、この方法では生産性の向上に限界がある。

高度成長時代では、24時間365日働き続けるというのが猛烈社員のイメージだった。それが1980年代から週休2日制が採用されはじめたことで、日本企業における労働時間はかなり短くなった。国家公務員が完全週休2日制になった1992年頃には、大企業はほぼ週休2日になっていた。しかし、その後、平日1日当たりの日本人の労働時間は少しずつ増え続けている。2011年には1日10時間以上働くフルタイム男性労働者の比率は43・7%にまで上った。[1]

企業ではIT化が進んでいるにもかかわらず、長時間労働がなくならないばかりか増加さえしているのだ。これは、長時間労働を美徳とするような企業風土が色濃く残っていることや、デフレ経済といった環境要因も大きく影響しているからであろう。

だが、それらと同時に、筆者はプロセス管理の弊害がここに現れていると考えている。プロセス管理によって業績目標を達成しようとすると、インプット(労働時間)を増やすことでアウトプット(成果)を増やそうとするメカニズムが働いてしまうのだ。

たとえば、営業では訪問件数や提案件数を増やす、プログラマーはできる限り多くのプログラムを書く、企画担当者はたくさんの資料を作成するというように、プロセス管理における管理指標は量的指標になりがちだ。本来は質が重要であったとしても、最終成果である業績が定量的なので、中間成果の指標も量を示すものになってしまう。これは、質的指標で計画の進捗度を測ることが難しいからである。

このように、インプットを増やすことでアウトプットを増やすという発想では、これ以上の業績向上は難しい。むしろインプットを増やせば増やすほど、時間当たりの生産性が低下してしまうという悪循環になりかねない。

また、長時間労働が固定化した状態は、女性のキャリア開発に対する阻害要因にもなる。女性だけではなく、社外から多様な人材を採用して維持する際にも、画一的な社内基準による評価は大きな障害となるだろう。

ピープルマネジメントの必要性

これからは、個人のパフォーマンスを最大化することによってチームのパフォーマンスを最大化するという発想への転換が必要となる。そのほうが、標準化による底上げよりもはるかに大きな成果を得られる可能性が高い。なぜならば、インプットの量はもはや増やせないが、個人の意欲や能力はまだまだ高めることができるからである。

プロセス管理を超えるピープルマネジメント

個人のパフォーマンスを最大化するには、一人ひとりの違いに着目する必要がある。そのためには、多様なメンバーの強みを理解し、それを最大限に引き出さなければならない。このようなマネジメントを「ピープルマネジメント」と呼ぶ。多くの日本企業に最も不足

図表13｜経営者の語録より

人間には短所がたくさんある。その短所をあげつらって直すよりも、
その人の長所を伸ばしてやることのほうが、人間を成長させる。
――松下幸之助（松下電器産業創業者）

はんぱな者どうしでも、お互いに認めあい、
補いあって仲よくやっていけば、仕事はやっていけるものだ。
――本田宗一郎（本田技研工業創業者）

人は誰でも種々様々な能力を持っているものなのに、
どんな優れた能力があるかを知らずにいる場合が多い。
――盛田昭夫（ソニー創業者）

メンバーをよく理解しようとすることもマネージャーにとって大切なことである。
それよりもっと大切なことは、マネージャー自身の方針、考え方、人格までも
メンバーに理解させることである。
マネージャーとメンバーとのよい人間関係は、深い相互理解から生まれる。
――江副浩正（リクルート創業者）

しているのは、このピープルマネジメント力なのである。

少なくとも、かつての日本企業のマネジャーは、現在の多くのマネジャーよりも高いピープルマネジメント力を備えていたと言えるだろう。先に述べた私の経験だけでなく、昭和の名経営者の語録を読み返してみても、そこにはピープルマネジメントの要素がたくさん詰まっている。当時の経営者やマネジャーは、その重要性を認識し、社内で語っていたのだ（図表13）。

だからといって、昔に戻ろうと言っているわけではない。プロセス管理にしても、それに偏重することが問題なのであって、それがまったく不要になるわけではない。

図表14｜プロセス管理からピープルマネジメントへ

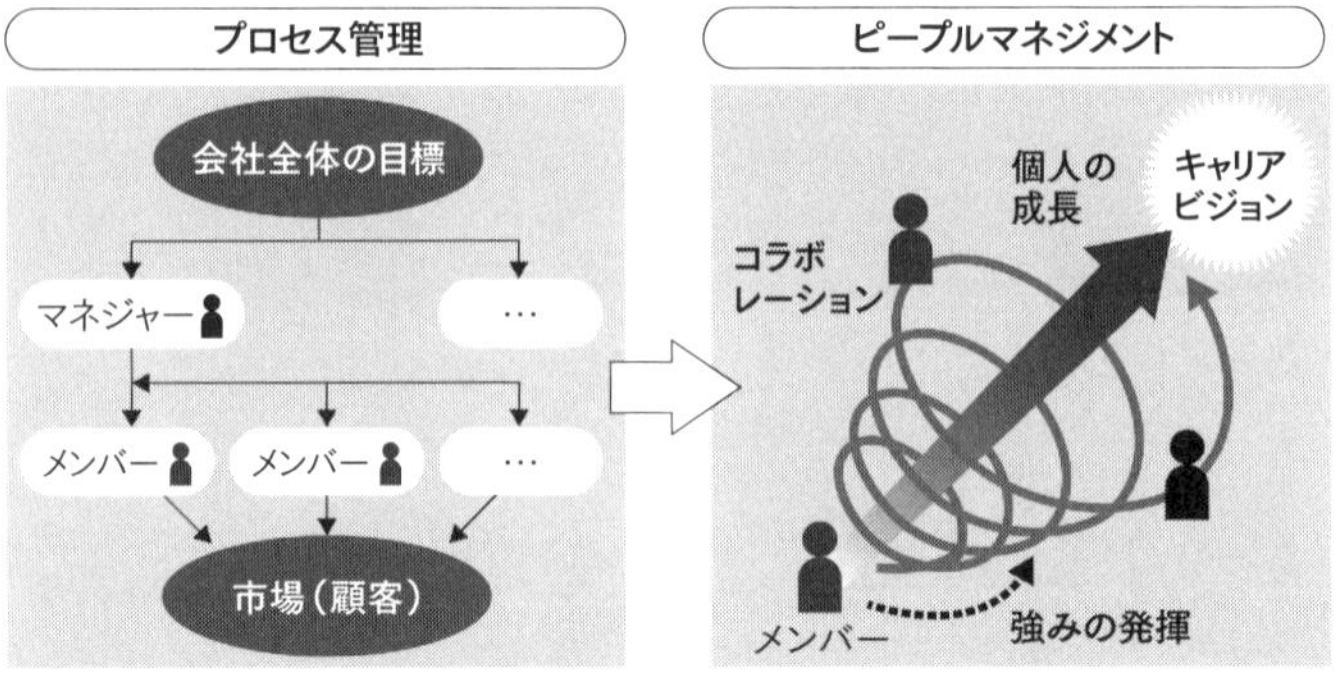

会社目標をチームの目標、個人の目標へとブレークダウンし、タスクのPDCAとスキルアップを通じて目標達成を目指す。

メンバー一人ひとりを動機付け、強みの発揮を促すことで、個人とチームのパフォーマンス最大化を目指す。

大事なことは今日的な解決策を見出すことだ。そのためには、今後、軸足をピープルマネジメント寄りに移すことが求められているのである（図表14）。

現場マネジャーは新しいやり方を求めている

筆者は企業研修を通じて、毎年、多くの現役マネジャーと接するが、彼らに共通しているのは、プロセス管理は得意だが、ピープルマネジメントは苦手という点だ。正確に言うと、苦手というよりも何をどうすればよいのかがわからないのである。なぜならば、彼らはこれまで仕事の場で個人の内面など意識したことがないし、ピープルマネジメントのやり方を教えられたこともないからだ。

しかし、ピープルマネジメントの必要性を最も実感しているのも彼らである。それは、彼ら自身、今までのプロセス管理中心のやり方を続けていても、業績が飛躍的に向上することはないとわかっているからだ。もう限界近くまでゴムが伸びきっているようなものだ。また、若いメンバーたちを動機付けようとしても、どうすればそれができるのかもわからないし、昔のように気軽に飲みに誘うこともできない。しかも、先にも述べたように、マネジャーたちは議論を得意とするが、対話型のコミュニケーションはあまり行ったことがない。つまり、現場の第一線で日々奮闘するマネジャーたちは、切実に新しいやり方を欲しているのである。

現在のプロセス管理中心のパフォーマンスマネジメントは、変革されなければならない。さもなければ、いつまで経ってもマネジャーが短期的な業績達成に偏重し、ブレークスルーができない。

新たなパフォーマンスマネジメントの基本原則として第2章で挙げた「個人起点」「強み重視」「コラボレーション促進」といった指針は、日本企業にもそのまま当てはまる。アメリカ企業と日本企業の置かれた環境に何ら違いはないからだ。

デジタル化、グローバル化、人の価値観の変化といった経営環境の変化は、アメリカも日本も同じだ。その環境変化を受けて、より機敏な仕事の仕方に転換し、コラボレーションによるチームパフォーマンスを高めていく必要がある点も同じである。多様な専門性を持った人材を採用して維持し、さらに社員の人材開発スピードを向上していくことが競争を大きく左右するという点も共通している。

アメリカ企業が行おうとしている変革は、より大きな成果創出を目指したマネジメントへの転換と捉えるべきである。グローバル経済の中での競争において、それは日本企業にとっての脅威になりえるだろう。

マネジメントスタイルの変革はトップから

パフォーマンスマネジメントの変革によって、日本企業が最優先すべきことは現場におけるマネジャーのエンパワーメント（力付けること）を高めることだ。マネジャーが力を取り戻すことによって、メンバーの自律的・主体的な行動を促し、強い現場チームを復活させることを目指した変革に取り組むべきである。

そのためには、集権的なコントロールの手綱を緩め、現場の自由度を認める必要がある。

多くの人が何となく気付いているように、全社の業績目標を個人目標にまで連動させれば全体の業績が達成されるという考え方は、今日では現実的ではない幻想のようなものだ。

会社の方針を浸透させることは必要であるが、現場はもっと短サイクルの変化の中で動いている。マネジャーが自由度を持って機敏に動けるようにならなければ、チームのパフォーマンスはこれ以上高まらない。

もちろん、それを可能にするためには、マネジャーに対するピープルマネジメントの徹底的な教育が不可欠となる。だが、ミドルだけを教育すればよいというわけではない。経営上層部がプロセス管理型のスタイルを続けている限り、ミドルはピープルマネジメントを行いたくても行えない。したがって、マネジメントスタイルの変革は、上から順番に実施される必要がある。まず、経営者がパフォーマンスマネジメント変革の必要性に気付くことがスタートとなるのだ。

第4章 マネジャーのためのチェックリスト

1　ピープルマネジメントの視点

本書の最後にピープルマネジメントの視点を挙げる（図表15）。これらは本書で述べてきた新たなパフォーマンスマネジメントが目指す組織の状態を示している。これからのマネジャーは、メンバーの個人パフォーマンスとチームパフォーマンスを最大化するために、これらの視点を常に意識してマネジメントを行う必要がある。

7つの個人エンゲージメント

「個人エンゲージメント」とは、個々のメンバーの能力が最大限に発揮され、継続的に成長できる組織の状態にあるための視点である。

図表15｜ピープルマネジャーのための14の視点

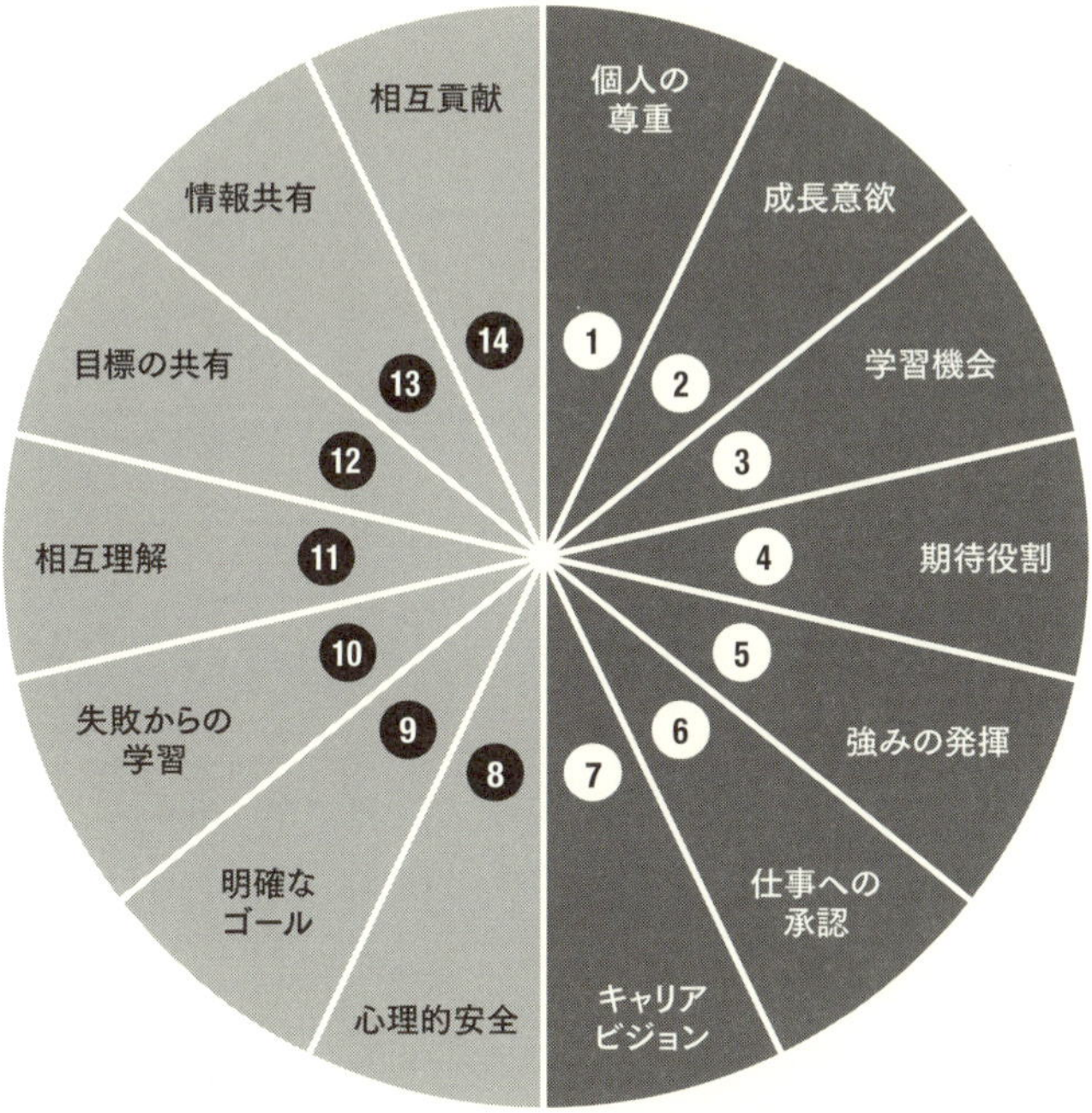

チームエンゲージメント

メンバーのコラボレーションによって、チームの相乗効果を発揮できる組織の状態にあるか？

個人エンゲージメント

個々のメンバーの能力が最大限に発揮され、継続的に成長できる組織の状態にあるか？

❶個人の尊重

メンバー一人ひとりが、自分は人として尊重されているという感覚を持てることが重要である。それはつまり、個々人によって異なる価値観が否定されるのではなく、違って当然という考え方がチームの全員に共有されていることを意味する。そのような状態をつくりだすためには、まずマネジャーが個々人の価値観を尊重していなければならない。

もちろん、企業には企業の価値観が存在する。我が社の社員は何を大切にすべきかといった経営理念や、このように振る舞うべきであるといった行動指針がそれに当たる。組織のメンバーである限り、企業の価値観は大切にしなければならない。だからといって、個人の価値観が否定されてはならない。どちらも大切な価値観なのである。個人の価値観が尊重されることは、意欲を高め、強みを発揮するための前提である。

❷成長意欲

個々のメンバーが、自分は努力すれば成長できるという意識を持っていることが重要である。そのような意識があるからこそ、仕事を通じて学ぶことができる。そのためには、マネジャー自身も成長意欲を有していることが必要だ。マネジャーが成長の可能性を信じ、前向きに語りかけるからこそ、メンバーも未来指向で考えることが可能になる。

もちろん、どのメンバーにも改善点はある。しかし、問題があるから改善すべきだという指摘の仕方では、メンバーの意識は硬直的になってしまう。同じことを指摘するにせよ、「あなたなら努力を重ねれば乗り越えられる。自分も応援するから一緒にがんばっていこう」といったような前向きな表現で、相手がポジティブに捉えられるように励ますことが必要である。

❸学習機会

メンバーは仕事の経験を通じて成長する。職場においてメンバーに仕事を任せるのはマネジャーの役割である。マネジャーが適切に仕事を任せなければ、メンバーは学習機会を十分に得られない。メンバーの学習スピードはマネジャーが提供する仕事に依存しているのである。

したがって、「女性だから女性らしい仕事を任せよう」とか、「外国人だから日本人相手の仕事は難しいだろう」といった固定観念は払拭する必要がある。各メンバーのスキルや経験を踏まえ、チャレンジできる仕事を提供することが重要となる。そのためにマネジャーは、常日頃から個々人の発揮能力を観察し、成長シナリオについて考えなければならない。

❹期待役割

メンバーが自分はマネジャーから期待されている。自分に任されているのは重要な役割であると感じられるからこそ、誇りを持って仕事に打ち込めるのである。自分の仕事によって、チームに貢献できると感じられることで、チャレンジすることへの意欲が高められる。そのためにマネジャーは、メンバーの役割とそれに対する期待を明確に伝えなければならない。

上意下達の組織において、マネジャーからメンバーに対して伝えられるのは期待ではなく命令である。命令はメンバーを受け身の姿勢にさせ、硬直的な意識を強化させてしまう。ピープルマネジャーは命令するのではなく、期待するのだ。

ただし、一方的に期待を伝えて終わりではなく、「自分はあなたにこれを期待するけれどもあなたはどう思う?」と対話することが重要である。対話によって、期待の意味がより深く共有されるようになる。

❺強みの発揮

メンバーが、仕事において自分の持てる力が存分に発揮されていると感じられる状態をつくりだすことが重要である。メンバー自身がそう感じられるとき、本人の価値観が満たされ、強みが発揮されるからである。そのような状態において、個人のパフォーマンスは最も高められる。

そのためには、個々人の強みとベストな状態について、本人とマネジャーがよく理解していなければならない。また、プライオリティの設定やアクションの検討において、その強みを意識的に活用することを促すことが求められる。マネジャーは本人の強みをさらに伸ばせる機会がないかと常に考え、仕事の幅を広げ、視点を高められるような仕事や役割を提供する必要がある。

❻仕事への承認

メンバーが行った仕事に対して、その成果を称えるポジティブなフィードバックを行うことが重要である。また、成果だけではなく、仕事の過程に対する前向きなフィードバックも必要だ。成長実感は自分の仕事に対する承認を通じて得られるものであり、成長実感がなければ努力も続かない。

同時に、マネジャーは「あのとき、あのように対応してくれて感謝するよ」といった「ねぎらい」の言葉をメンバーに意識的に伝える必要がある。そうすることでメンバーは、マネジャーが自分の仕事をよく見てくれていると感じられるようになる。

強みを発揮したことに対してのポジティブなフィードバックは、その行動をさらに強化する。そのため、改善点についてフィードバックすべき場面でも、まずねぎらうことが必要である。

❼キャリアビジョン

メンバーの将来のキャリアビジョンについて話し合い、マネジャーもそれを理解していることが重要である。現在の仕事が将来のビジョンにつながっていくと本人が感じられるからこそ、モチベーションを継続することができるし、今の仕事の必要性に対する意味付けもできるようになる。

メンバーが自分のキャリアビジョンを明確に表現できないことも少なくない。そのような場合でも、マネジャーは対話を通じて、本人が将来のビジョンをイメージできるように支援する必要がある。

マネジャーがメンバーの価値観を理解しようと質問することで、本人は自分の価値観を整理し、言葉で表現できるようになる。そのことによって、しだいに将来の活躍イメージを思い描くこともできるようになるだろう。メンバーがキャリアビジョンを描ければ、今度はその実現に向けて協力するのもマネジャーの重要な役割である。

7つのチームエンゲージメント

「チームエンゲージメント」とは、メンバーのコラボレーションによって、チームの相乗効果を発揮できる組織の状態にあるための視点である。

❽心理的安全

メンバーが自分の思ったことを、気後れすることなく発言できるチームの雰囲気をつくりだすことが重要である。メンバーどうしが率直にフィードバックを行なったり、自分の見解を伝えたり、自分の知らないことを他のメンバーに尋ねたり、協力を求めたりすることができるからこそ、コラボレーションは機能する。

心理的安全度の高いチームを構築するには、マネジャー自らが率先してチーム内の心理的安全を高める行動を取ることが求められる。具体的には、メンバーから何か尋ねられたら、どのようなことでもフランクに返答する。自分の知らないことや間違いを素直に認める。メンバーがおかしなことを言っても即座に否定しない。逆に、メンバーが自分に対して率直なフィードバックを伝えた場合は、それを称える。このように、オープンに話すことの大切さを繰り返し語ることが重要だ。

❾明確なゴール

チームとしての明確なゴールが存在し、チーム内で共有されていることが必要とされる。ただし、ゴールは単に明確であるだけでなく、メンバーの貢献意欲を高めるものでなければならない。そのためには、「なぜそのゴールを目指すのか」「そのゴールを達成することによって、顧客やメンバーにとってどのような価値がもたらされるのか」についての必要性をマネジャーは常に考え、わかりやすく語る必要がある。

明確なゴールのない状況でコラボレーションが奨励されると、コミュニケーションのオーバーヘッド（負荷）が無用に高まりかねない。ただコラボレーションすればよいというのではなく、何のためにそれを行うのかという共通の目的が必要となる。

⑩失敗からの学習

失敗から学習することは奨励されるべきことだという認識が、チーム内で共有されている必要がある。不確実性の高い環境の中で、新しいチャレンジや複雑な課題に取り組む際、大なり小なり失敗はかならず起こる。

だが、失敗をすれば罰せられるようなチームの風土では、そもそも心理的安全が確保されない。また、失敗を避けようとする風土では、失敗から学習することができない。マネジャーは、失敗はかならず起こるものであり、そこから学ぶことで進歩が得られるという認識をチーム内に浸透させ、失敗からの学びを実践する必要がある。

そのためには、仮説を立て、機敏な試行錯誤を繰り返し、そこで小さな失敗を重ねていくことが重要となる。それによって、より成功確率の高い仮説の立案が可能になる。失敗の原因を振り返り、次のアクションへとつなげるリフレクションをチームとして実践することが求められる。

⓫相互理解

メンバー個々人の強みや価値観がチーム内で共有されている状態をつくりだすことによって、コラボレーションは進みやすくなる。自分の課題を遂行するうえで誰の力を借りればよいのかがすぐにわかるようになるし、他のメンバーに対してどのような貢献をすればよいのかが判断しやすくなる。自分のことを理解してくれている他メンバーからのフィードバックも受け入れやすくなり、相手に対するフィードバックもより的確なものになる。

チーム内のメンバーどうしの関係性が構築されていることがコラボレーションのベースとなるが、関係性とはただ仲がよいということではない。一人ひとりの強みや価値観を相互に理解し、尊重しあっている状態のことを指す。そのために、マネジャーはメンバーそれぞれの違いを、チーム内でオープンに共有することを促す必要がある。

⓬目標の共有

メンバー個々人が設定しているプライオリティも、チーム内で共有されることが必要だ。他のメンバーが何を目標として仕事をしているかを理解していなければ、何をフィードバックし、どのような貢献をすればよいのかもわからないからだ。各人の目標がブラックボックスになった状態では、コラボレーションは進展しない。

各人のプライオリティは短サイクルで変わっていくため、マネジャーは頻繁に共有の場を持ったり、ＩＴツールを活用したりして、常にアップデートされている状態をつくる必要がある。また、単に目標が共有されているだけでなく、個々人が自分の目標を積極的に発信し、それに対して他メンバーの意見や協力を求めるようになるという姿勢が奨励される必要がある。

⓭情報共有

あらゆる情報がチーム内で共有される状態をつくることが必要とされる。情報共有というと、成功事例の共有や新製品情報の共有など、メンバーの仕事にとって有益と考えられる情報を知らせることと考えがちであるが、それだけに留まらない。情報共有は、共有すべきではない個人情報などを除くあらゆる情報を対象とする。その目的は、マネジャーとメンバーの間、メンバーどうしの間に壁をつくらないことにある。

同じチーム内であっても、情報格差の存在は組織に壁をつくり、その壁はコラボレーションの機会を阻害する。もちろん、現実的にはすべての情報を共有することは不可能だし、そのようなことをするとコミュニケーションのオーバーヘッドが膨大になってしまう。重要なのは、意図的に情報を一部の人だけで囲い込もうとするのではなく、すべてオープンにするという姿勢が共有されることである。

⓮相互貢献

相互貢献によってチームのパフォーマンスが高められるという認識を、すべてのメンバーが持つことが重要である。チームのパフォーマンスは、個人のパフォーマンスの単なる足し算ではなく、相互貢献によって個々人のパフォーマンスが高められることで足し算以上に向上するというメカニズムが理解されなければならない。

他のメンバーに対して貢献しても何の得にもならない（場合によっては損になる）という状況では、相互貢献は進まない。したがって、マネジャーはチーム内の相互貢献を阻害する要因を見つけだし、取り除かなければならない。

とは言いながらも、どのチームでも、メンバー間の相性はかならず存在する。相性の悪さが阻害要因になっている場合、それを解決することは実際のところ容易ではない。

しかし、そもそもすべてのメンバーが等しく相互貢献する状態をつくることが目的ではない。あくまでも目的は、チームパフォーマンスを最大化することにある。そのため、マネジャーは、メンバーどうしの関係性や強みなどを視野に入れ、チームパフォーマンスが最大になるように役割分担を設計する必要がある。

おわりに

本書は当初、ピープルマネジメントを主題に執筆することを予定しており、アメリカ企業における年次評価廃止の流れは補足的な解説に留めるつもりであった。しかし、調査すればするほど、この潮流は一時的な流行ではないという確信を強めるようになった。少し大げさな表現をするなら、今まさに人事の歴史における大きな転換点にあるように見えてきたのである。その内容を正しく伝えたいという思いから、年次評価の廃止を主題に執筆することにした。

本文中でも述べたが、私は１９８０年代の後半からコンサルティングの現場で、企業のマネジャーたちの変化を目の当たりにしてきた。特に90年代の後半から２０００年代の前半にかけて、マネジャーたちは急速に現場での裁量権を失っていった。２０００年代前半は「失われた10年」という言葉が流行するほど、日本全体がデフレスパイラルに苦しんでいた頃だ。日本企業が変わるためには痛みを伴うことが避けられなかったとはいえ、当時、蔓延していた閉塞感は今でも実感として思い出すことができる。

その頃、私は長年勤めたコンサルティング会社を辞め、２００５年に現在、代表を務めているコンサルティング会社（エム・アイ・アソシエイツ）を設立した。42歳のときである。当時、私の友人の多くは大企業に勤務しており、ちょうど課長くらいの役職にある人が多かった。彼らとたまに会って話をしても、自分の属する会社の話題が多く、たいへん内向きに感じられた。そういったこともあって、日本企業は人材の潜在的な力を活かしきれていないという思いをさらに強くしたことを覚えている。

そのため、新たに設立した会社では、「内発的変革」を基軸にすることにした。一人ひとりが、自分の中に秘められた内発的な価値観を表現し、それぞれ違う強みを存分に発揮することが、日本企業のさらなる成長のために不可欠と考えたのである。具体的には、個人のキャリア開発、ダイバーシティ&インクルージョン、ピープルマネジメントといったテーマで、内発的変革を支援するサービスの開発を10年以上続けてきた。

外発的で画一的なコントロールに慣れていた日本企業において、当時、一人ひとりの違いを活かすキャリア開発やピープルマネジメントの必要性を理解してくれた人はそれほど多くなかった。しかしながら、この10年あまりの間で、日本企業においても内発的変革の必要性は少しずつ浸透しつつある。シニア層の雇用延長、グローバル化に伴う多国籍社員の活用、女性の活躍推進などの環境変化によって、多様な人材をマネジメントしなければならない必要性が高まってきたからであろう。

現在のマネジャーは、さまざまな人をマネジメントしながらチームの成果を上げなければならない。自分より年上のシニア社員、育児や介護で時間制約のある社員、世代の異なる若手社員などをマネジメントするには、従来型の画一的なコントロールではうまくいかない。一人ひとりの価値観を理解して、それらを活かしていくピープルマネジメントが不可欠なのである。

実際に、マネジャー研修に参加する現場のマネジャーの多くは、ピープルマネジメントの必要性に共感し、その方法を身につけようとする。しかし、ピープルマネジメントは現場になかなか定着しない。その最大の要因は、企業の目標管理・評価制度が外発的な動機付けに偏重しているからである。

アメリカ企業における年次評価廃止についての調査をはじめて少しした頃、「その手があったのか」と気付いた。会社の目標を個人にまでつなげる目標管理や、画一的な尺度でランク付けする評価制度が存在するから、内発的な動機付けを重視するピープルマネジメントと矛盾を来すのである。それらを止めてしまえば、何も矛盾は起こらない。年次評価はあって当然のものという固定観念があるから、気付かなかったのである。

第2章で述べた新たなパフォーマンスマネジメントの姿は、まさにピープルマネジメントそのものである。年次評価を廃止することの要諦は、組織の現場にピープルマネジメントを浸透させることにある。アメリカ企業が実現しようとしているのは、それによって現場の力を高めることであると言ってよい。

私自身、1980年代の後半から2000年代の前半までの20年近く、アメリカ発のグローバル企業に勤務していたため、彼らがどれだけ厳格に年次評価を実施していたかはよく知っている。その制度で私自身がメンバーを評価し、自分も評価されてきたからだ。しかし、その一方で、彼らの変わり身の早さもよく理解している。成功してきたアメリカのグローバル企業は、経済合理性があれば、こだわりなく方向転換する決断力を有しているのである。

彼らは新たなパフォーマンスマネジメントを、国内だけでなくグローバルに浸透させるために、多大な労力を投入している。そこまでして組織運営のあり方を変えることの必要性を強く認識しているからである。

今後、日本企業がどれだけその必要性を認識できるか。また、年次評価を止めてパフォーマンスマネジメントを変革する決断ができるかは未知数である。しかし、少なくとも検討をはじめる価値があるテーマであることは間違いない。そのための一助となるように、本書を著した。

本書を執筆するにあたっては、すでに年次評価を廃止したグローバル企業の人事の方々、また現在、導入に苦心されている人事の方々にインタビューをさせていただいた。社名や氏名を挙げることはできないが、ここに感謝の意を表したい。なお、本書に挙げた事例はすべて公表されている文献によるものであり、インタビューや提供していただいた資料のみから知り得た情報は、守秘義務によって一切、記載していないことをお断りしておく。

インタビュー調査やコンセプトの整理にあたっては、中央大学大学院戦略経営研究科（ビジネスクール）客員教授の楠田祐氏に大変お世話になった。多大な謝意を表したい。また、株式会社ファーストプレス代表取締役の上坂伸一氏とは今回が6度目の本づくりとなるが、企画から出版まできわめて短期間で対応していただいたことに感謝している。
最後に、企業の現場で実践の機会を提供していただいた顧客の皆様をはじめ、大勢の方々とのこれまでのコラボレーションの結果として本書を著すことができたことを書き加えたい。

松丘　啓司

2016年秋

14：“Why Accenture is saying goodbye to annual performance review” Pierre Nanterme, LinkedIn, 12/8/2015.
15：“Is Performance Management Performing? : 10 Focus Areas to Drive Better Business Performance” Accenture, 2016.
16：“Reinventing Performance Management” Marcus Buckingham and Ashley Goodall, Harvard Business Review, 4/2015.
17：“Performance management can be fixed” CEB, 2014.
18：“The Secret Ingredient in GE’s Talent-Review System” Raghu Krishnamoorthy, Harvard Business Review, 4/17/2014.

第2章

1：“No Review, No Problem: Making Talent Decisions without Ratings” Human Capital Institute, 2015.
2：“GE’s Real-Time Performance Development” Leonardo Baldassarre and Brian Finken, Harvard Business Review, 8/12/2015.
3：“The Real Impact of Eliminating Performance Ratings” CEB, 2016.
4：ラズロ・ボック著、鬼澤忍／矢羽野薫訳『ワーク・ルールズ！－君の生き方とリーダーシップを変える』、東洋経済新報社、2015年

第3章

1：黒田祥子「日本人の働き方と労働時間に関する現状」内閣府規制改革会議 雇用ワーキンググループ資料、10/31/2013

第1章

1：“Why big business is falling out of love with the annual performance review” Lillian Cunningham and Jena McGregor, The Washington Post, 8/17/2015.

2：『まるわかりインダストリー4.0　第4次産業革命』日経BP社、2015年

3：“Breakthrough Performance in the New Work Environment” CEB, 2013.

4：“Collaborative Overload” Rob Cross, Reb Rebele and Adam Grant, Harvard Business Review, 1-2/2016.

5：“Microsoft axes its controversial employee-ranking system” Tom Warren, The Verge, 11/12/2013.

6：エイミー・C・エドモンドソン著、野津智子訳『チームが機能するとはどういうことか』英治出版、2014年

7：“What Google Learned From Its Quest to Build the Perfect Team” Charles Duhigg, The New York Times Magazine, 2/25/2016.

8：“How Performance Reviews Can Harm Mental Health” Chana R. Schoenberger, The Wall Street Journal, 10/26/2015.

9：“No Review, No Problem: Making Talent Decisions without Ratings” Jenna Filipkowski, Human Capital Institute, 10/6/2015.

10：“The Best and the Rest: Revisiting the Norm of Normality of Individual Performance” Ernest O’Boyle Jr. and Herman Aguinis, Personnel Psychology, Spring 2012.

11：ラズロ・ボック著、鬼澤忍／矢羽野薫訳『ワーク・ルールズ！－君の生き方とリーダーシップを変える』東洋経済新報社、2015年

12：キャロル・S・ドゥエック著、今西康子訳『マインドセット「やればできる!」の研究』草思社、2016年

13：“One Simple Idea That Can Transform Performance Management” David Rock, Josh Davis and Elizabeth Jones, NeuroLeadership Institute, 2013.

【著者プロフィール】

松丘 啓司（まつおか・けいじ）

エム・アイ・アソシエイツ株式会社 代表取締役

1986年、東京大学法学部卒業。アクセンチュアに入社し、50件以上の企業変革プロジェクトに参画。同社のヒューマンパフォーマンスサービスライン統括パートナー、エグゼクティブコミッティメンバーを歴任後、2005年にエム・アイ・アソシエイツ株式会社を設立。同社では内発的変革をテーマに、ダイバーシティ&インクルージョン、ピープルマネジメント、キャリア開発、経営意思決定などの領域における企業研修とコンサルティングサービスに従事。2013年に提案力の向上を支援する株式会社ビー・アーキテクトを設立。

主な著書に、『組織営業力』『論理思考は万能ではない』『アイデアが湧きだすコミュニケーション』『ストーリーで学ぶ営業の極意』（以上ファーストプレス）、『提案営業の進め方』（日経文庫）などがある。

人事評価はもういらない
――成果主義人事の限界

2016年10月27日 第1刷発行
2019年 1 月10日 第4刷発行

◉著　者 松丘 啓司
◉発行者 上坂 伸一
◉発行所 株式会社ファーストプレス
〒105-0003　東京都港区西新橋1-2-9
電話 03-5532-5605（代表）
http://www.firstpress.co.jp

装丁・デザイン　高岩美智（デザインワークショップジン）
DTP　株式会社オーウィン
印刷・製本　シナノ印刷株式会社
編集担当　中島万寿代

ISBN 978-4-904336-97-7